돈의 경영

돈의 경영

2017년 3월 22일 초판 1쇄 인쇄
2017년 3월 29일 초판 1쇄 발행
2017년 4월 25일 초판 2쇄 발행

지은이 | 시바타 히로히토, 다케마츠 유우키
옮긴이 | 권혜미
펴낸이 | 김명호
펴낸곳 | 머니플러스
편   집 | 이계원
디자인 | 페이퍼마임
마케팅 | 한성호
관   리 | 김미용

주   소 | 경기도 고양시 일산동구 호수로 358-25 동문타워 2차 917호
전   화 | 02-352-3272
팩   스 | 031-908-3273
이메일 | pullm63@empas.com
등록번호 | 제 311-2004-00002호

ISBN 979-11-87314-24-0 (03320)

「이 도서의 국립중앙도서관 출판예정도서목록(CIP)은 서지정보유통지원시스템 홈페이지(http://seoji.nl.go.kr)와
국가자료공동목록시스템(http://www.nl.go.kr/kolisnet)에서 이용하실 수 있습니다.(CIP제어번호: CIP2017004954)」

돈의 경영

시바타 히로히토 · 다케마츠 유우키 공저

권혜미 옮김

머니플러스

차
례

PART 4

PART 5

PART 6

PART 7

지푸라기 하나에서 시작된 부

한 청년이 관음보살에게 소원을 빌었습니다.

"관음보살님, 제가 꼭 부자가 되게 해 주세요."

그러자 관음보살이 말했습니다.

"여기를 나가서 처음 손에 쥔 물건이 너를 부자로 만들어 줄 것이다."

청년은 기뻐하며 절에서 뛰어 나오다가 돌부리에 걸려 넘어지고 말았습니다. 그때 청년은 지푸라기 하나를 붙잡았습니다.

"관음보살님이 말한 '처음 손에 쥔 물건'이 이거야? 지푸라기로는 절대 부자가 될 수 없을 거 같은데……."

청년이 고개를 갸웃거리면서 걷고 있을 때 등에 한 마리가 날아왔습니다. 청년은 등에를 붙잡아 지푸라기에 묶었습니다.

조금 지나자 맞은편에서 달구지 한 대가 다가왔고, 그 안에 타고 있던 어린아이가 이렇게 말했습니다.

"나 저 등에 갖고 싶어."

청년이 등에를 묶은 지푸라기를 건네자 하인으로 보이는 사람이 감사 인사로 귤 세 개를 주었습니다.

청년은 생각했습니다.

"지푸라기가 귤이 되었네."

조금 더 걸어가자 한 여자가 목이 마르다며 고통스럽게 말하고 있었습니다.

그 모습을 본 청년은 "이 귤 드세요."라고 말했습니다.

청년이 건넨 귤을 먹고 여자는 기운을 차렸습니다. 그리고 답례로 아름다운 비단을 주었습니다.

'이번에는 귤이 비단이 되었네.'

청년은 생각했습니다.

청년은 다시 길을 걷기 시작했습니다. 그런데 이번에는 말이 쓰러져서 난감해하고 있는 남자를 만났습니다.

"왜 그러세요?"

"말이 병에 걸린 모양이에요. 갑자기 쓰러졌어요. 시내에 가서 말과 비단을 교환할 생각이었는데. 오늘 안에 비단을 얻지 못하면 안 되거든요."

"그럼 이 비단과 말을 교환할까요?"

청년이 말하자 남자는 매우 기뻐하며 비단을 받아들고 돌아갔습니다. 말은 청년이 물을 주고 몸을 쓰다듬어주자 서서히 기운을 차렸습니다. 자세히 들여다보니 그 말은 매우 멋진 말이었습니다.

"이번에는 비단이 말이 되었구나."

청년이 말을 데리고 걷고 있자, 이번에는 이사를 하고 있는 집이 나왔습니다. 그 집주인이 청년의 멋진 말을 보고 이렇게 말했습니다.

"급히 길을 떠나야 돼서 말이 필요한데, 그 말을 우리 집하고 밭과 바꾸지 않겠습니까?"

이렇게 해서 청년은 멋진 큰 집과 넓은 밭을 손에 넣고 부자가 되었답니다.

"돈과 관련된 책인데 왜 전래동화를 이야기하지?" 하고 생각할지도 모릅니다.

위의 이야기는 일본의 전래동화인 〈지푸라기 부자〉입니다.

사실 이 이야기는 무無에서 많은 재산을 손에 넣고, 더욱더 재산을 늘리는 방법을 이야기합니다. 실제로 무에서 재산을 만들어내고, 그 재산을 장기적으로 유지하는 사람들은 기본적으로 이 '지푸라기 부자'가 했던 방법을 똑같이 실천하고 있습니다.

그 키워드는 '교환'이다. 재산을 늘리는 방법은 교환 게임과 같습니다.

지푸라기 하나로 시작해 큰 집을 거머쥔 청년처럼 되기 위해서는 우리는 무엇과 무엇을 '교환'하면 좋을까? 그것을 지금부터 알려주겠습니다.

?

{ 아무도
알려주지않은 }
돈이야기

저금으로는
부자가 되지 못한다

'저금은 할수록 인생이 파산된다.'

혹시 이런 이야기를 들었다면 우리는 어떤 생각이 떠오를까. 물론 저금을 하는 모든 사람들이 파산한다는 뜻은 아니다. 그러나 전 세계 95퍼센트의 사람들은 아무리 절약을 하면서 저금을 해도 인생이 파산될 가능성이 높다. 왜냐하면 대부분의 경우 성실하게 저금을 해서 돈을 모아도 노후에 쓸 자금이 부족하기 때문이다.

누구나 언젠가는 일을 하지 못하게 된다. 보통은 65세에 정년퇴직을 맞이하지만, 은퇴 후에도 20년 이상의 생활을 유지하기 위해서는 돈이 필요하다. 지금은 65세부터 지급되는 연금도 저출산, 고령화의 영향으로 앞으로는 늦춰질 가능성도 있다.

그 이외에도 인생에는 다양한 행사가 있다. 결혼, 출산 그리고 자녀 교육 등등……. 교육비만 보더라도, 모든 학교 과정을 국공립에서 마치더라도 자녀 한 명당 약 2억 원 이상의 돈이 든다고 한다. 자녀가 사립학교에 다니거나 기숙사에서 생활을 하면 더 많은 돈이 필요하다.

그러한 행사를 대비해서 저금으로 필요한 자금을 마련해야 한다고 생각할지도 모른다. 그러나 저금을 해도 필요 충분한 금액이 모이지 않아서 생활고에 시달리는 사람도 많이 있다. 이것은 매우 불편한 진실이기 때문에 입 밖으로 꺼내지 않는 경우가 대부분이다.

한편, 세상에는 평범한 월급을 받으면서 어느새 부자가 되어 있는 사람들도 있다. 그들이 부자가 되는 비결은 돈을 '계속해서 모으는' 것이 아니라 '어느 형태로 사용' 했다는 데에 있다. 보통 사람들과는 다르게 돈을 쓰는 것만으로도 부를 쌓을 수 있기 때문이다. 그 비밀을 이 책에서 구체적으로 다루고자 한다.

- 왜 저금이 인생을 파탄으로 만드는가?
- 저금을 하지 않고, 어떻게 하면 파탄을 피할 수 있을까?
- 풍족한 인생을 손에 넣기 위해서는 구체적으로 돈을 어떻게 써야 할까?

PART 1

'돈이 없던 세계'를 제대로 알기

돈은 '교환의 도구'였다

저축으로만 부자가 되지는 않는다

돈을 소중히 한다는 게 저축이 아니다

돈은 야구방망이와 칼과 같다

돈을 써야 돈이 늘어난다

'돈이 없던 세계'를
제대로 알기

돈을 배우기 이전에 우선 돈이 왜 생겨났는지를 알아야 할 필요가 있다. 왜냐하면 돈이 무엇인지 알지 못해서 괴로워하고 있는 사람들도 많이 있기 때문이다.

지금은 우리가 태어날 때부터 당연한 듯이 돈이 존재하지만, 과거에는 돈이라는 개념이 없었다. 그러면 왜 돈이 생겼을까? 우선 그 비밀부터 들여다보자.

사람은 원래 물건과 물건을 교환하면서 생활했었다. 어느 농

부는 쌀을 수확했고, 어느 어부는 물고기를 잡았다고 하자. 그때 상대방의 쌀과 상대방의 물고기를 가지고 싶다면 어떻게 해야 했을까?

이 상황은 돈이 없는 시대이다.

돈을 사용하지 않았기 때문에 가지고 싶은 것이 있을 때에는 무언가와 교환할 수밖에 없었을 것이다. 이를테면 쌀을 수확한 사람이 생선을 먹고 싶을 때에는,

"쌀을 줄 테니 물고기를 나눠 주시오."

하고 말했을지도 모른다.

그때에 물고기를 가지고 있는 사람이,

"나도 마침 쌀을 먹고 싶었으니 물고기와 교환합시다."

라고 말하면 교환이 성립된다. 그리고 생선과 밥이 갖춰진 맛있는 식사를 할 수 있었을 것이다.

이렇게 돈이 없던 시대에는 물건과 물건을 교환하면서 내가 원하는 것을 손에 넣을 수 있었다. 음식이 되었든 생활에 필요한 것이 되었든, 이러한 것을 교환했던 시대가 있었다.

그러면 만약에 돈이 없던 시대에 부자가 되고 싶었다면 어떻게 해야 했을까? 물건과 물건을 교환하던 시대에 어떻게 하면 부자가 될 수 있었을까?

즉, 교환하면 교환할수록 물건을 늘리기 위해서는 어떻게 해야 했을까?

이것은 매우 중요한 질문이기 때문에 잠시 생각해 보기로 하자.

이 질문에 바로 대답할 수 있는 사람도 있을 것이다.

정답은 사람들이 원하는 물건을 많이 가지고 있는 사람이 되는 것이다. 또는, 사람들이 원하는 물건을 예측해서 그 물건을 찾아내고 만들어 내는 사람이 되는 것이다.

돈을 사용하지 않는 시대라고 가정해 보자. 어느 날 엄청난 한파가 습격해서 대부분의 농작물이 얼어버렸다고 해 보자.

지금은 유통 기술과 보존 기술이 잘 발달했고, 어느 가정에나 냉장고가 있어서 끊이지 않게 채소를 식탁에 올릴 수 있다. 그러나 옛날에는 유통 기술도 보존 기술도 발달되지 않아서 농작물을 수확하지 않은 날에는 채소가 식탁에 올라오지 않는 것이 보통이었다.

그때 혹시 한파가 들이닥칠지도 모른다고 생각한 한 남자가 있었고, 그는 한파가 닥치기 전에 대부분의 채소를 소금에 절여서 보관했다.

평소에 채소 한 바구니는 물고기 한 마리와 교환할 수 있었다.

그러나 채소가 부족해지면 물고기 열 마리를 주고서라도 채소 한 바구니와 바꾸고 싶어 하는 사람이 나올 것이다. 그렇게 하면 한 바구니의 채소는 열 바구니의 채소 가치가 된다.

또는, 가뭄이 계속되어서 모든 물이 말라버렸다고 가정해 보자. 평소에는 물 한 통을 고기 한 점과 교환할 수 있었지만, 가뭄으로 많은 사람들이 물을 원하면 고기 열 점, 스무 점을 주고서라도 물 한 통을 가지고 싶어 하는 사람이 나온다. 그리고 이것은 지금도 변하지 않는 사실이다.

이렇듯 물건과 물건을 교환하던 세계에서도 사람들이 원하는 물건을 많이 가지고 있는 사람, 또는 교환을 잘 하는 사람이 부자가 되었다. 그리고 이러한 원리를 제대로 이해하면 우리도 '부자'라고 불리는 사람이 될 수가 있다.

돈은
'교환의 도구'였다

물건과 물건을 교환하던 시대를 이야기해 봤지만. 아직 돈에 대해서는 말하지 않았다. 그러면 또 다시 이야기를 시작해 보자.

물건과 물건을 교환하는 것만으로는 점점 불편한 점이 발생했다. 그것은 주로 다음과 같은 3가지 상황이다.

- 교환하고 싶은 물건이 일치하지 않는다.
- 가치가 일치하지 않는다.

• 가치가 보존되지 않는다.

같은 종류의 물건끼리는 서로 필요성을 가질 때에만 교환이 성립된다. 쌀을 원하는 사람이 물고기를 가지고 있고, 반대로 물고기를 원하는 사람이 쌀을 가지고 있다면 상대방이 원하는 물건을 서로 가지고 있으니까 교환이 성립된다.

그러나 쌀을 원하는 사람이 물고기를 가지고 있고, 물고기를 원하는 사람이 감자를 가지고 있는 경우도 있다. 그러면 원하는 물건과 줄 수 있는 물건이 서로 다르기 때문에 교환은 성립되지 않는다.

이것이 교환의 첫 번째 불편한 상황으로, 교환하고 싶은 물건이 일치하지 않는 경우이다.

두 번째 상황은 서로 원하는 물건을 가지고 있지만 그 가치가 일치하지 않는 경우이다.

돼지 1마리와 물 100통을 교환하고 싶은데, 돼지를 사고 싶은 사람은 물 1통밖에 가지고 있지 않다든가, 돼지 1마리를 통째로 원하는 것이 아니라 돼지고기 한 접시만 원하는 경우가 그러하다.

《돈은 '교환'하기 위해 존재한다》

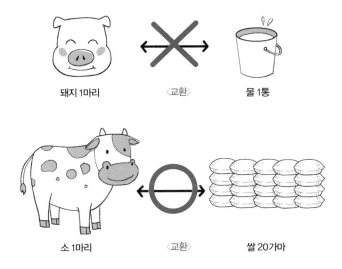

돼지 1마리 〈교환〉 물 1통

소 1마리 〈교환〉 쌀 20가마

돈

누구나 알 수 있는 가치 = 돈
저축으로만 부자가 되지는 않는다

이것은 물건은 일치해도 그 수나 양의 가치가 일치하지 않기 때문에 교환이 성립되지 않는 불편함이다.

세 번째 상황은 교환하는 물건이 부패해 버리는 경우이다.

이 경우에는 '가치가 보존되지 않는다.'는 불편함이 생긴다. 생선이나 고기, 채소 등은 아무리 물건을 많이 가지고 있어도 점차 부패해 버려서 필요할 때에 필요한 물건과 교환할 수 없게 된다.

이러한 불편함을 해소하기 위해 일찍이 쌀이 사용되었다.

물건과 물건을 교환할 때에는 반드시 '쌀'을 끼워서 교환하기 쉽게 만들었다. 고구마 열 개는 쌀 한 가마, 소 한 마리는 쌀 열 가마라는 식으로 쌀의 가마수로 그 물건이 어느 정도의 가치인지를 표현했다.

이렇게 해서 교환할 때 생기는 불편함도 줄어들고, 모든 사람들이 똑같은 기준으로 교환할 수 있었기 때문에 교환의 속도도 빨라졌다. 게다가 쌀은 오래 가지고 있을 수 있어서 보존이 용이하다는 점에서도 편리했다.

그 후 돈을 포함한 금속을 원형으로 가공해서 점차 화폐가 유통되기 시작된 것이다.

이러한 일은 세계 각지에서 일어났다. 희소가치가 있고, 보존할 수 있으며, 가지고 다니기에도 편리한 물건이 쌀과 같은 역할을 하기 시작했다. 조개껍데기와 돌 등 이러한 것들을 사용하기 시작하면서 물건과 물건을 직접 교환하는 것보다 편리하고, 공적인 교환이 가능한 세계가 되었다.

이것이 '돈'이라는 개념이다.

여기서 반드시 알아두어야 할 점이 있다. 그것은 바로 돈의 역할이다. 중요한 것은 돈의 주된 목적이다.

돈의 목적은 '교환'이다. 교환할 수 없는 돈은 돈이 아니다. 돈은 교환을 해야 비로소 의미가 생긴다.

교환을 마친 돈의 가치가 떨어져 버리면 안 되기 때문에 '보존'도 가능해야 한다. 불일치를 없애고 가치를 일정하게 만드는 것이 '교환'의 기능이다.

돈의 목적은 '교환'이고, 교환하지 않으면 돈이 가지고 있는 본래의 가치가 발휘되지 않는다는 사실을 꼭 기억해 두길 바란다.

중요한 내용이기 때문에 다시 한 번 말한다. 돈의 주된 의미는 '교환'이고, '보존'은 그 다음이다.

우리는 '부자'가 되려면 돈을 모아야 한다고 생각할지도 모른다. 돈을 쓸데없이 쓰지 않도록 주의하고, 차곡차곡 저금을 하면 언젠가 반드시 부자가 된다고 믿는 사람이 상당히 많이 있다.

그러나 유감스럽지만, 그 생각은 큰 착각이다.

만약 풍족한 생활을 하고 싶다면, 그리고 풍족한 생활을 위해 보다 많은 돈을 가지고 싶다면 저금은 하지 말아야 한다.

물론 절약을 하면서 착실하게 저금을 하면 은행에 쌓이는 예금 잔고는 늘어날 것이다. 그러나 자신이 꿈꾸는 생활이 가능해질 정도로 자산을 늘리기 위해서는 터무니없이 긴 시간동안 저금을 해야만 한다. 이것은 많은 사람들이 실제로 경험해서 알고 있을 것이다.

또한, 아무리 저금을 해도 필요 충분한 금액을 모으지 못한 사람도 많이 있다.

이를테면 절약을 하면서 매월 100만 원씩 저금을 하면 1년에 1천200만 원이 모인다. 이것을 10년 동안 계속하면 1억 2천만 원이 된다. 만약 우리가 지금 서른 살이라면 앞으로 30년 동안은 계속해서 일할 수 있다. 그러면 30년 동안 3억 6천만 원을 모을 수가 있다.

3억 6천만 원은 확실히 큰돈이다. 그러나 이것만으로는 풍족한 인생을 보낼 수 없는 것이 현실이다.

　한 조사에 따르면 보통 평균 수명은 남성이 80세, 여성이 86세라고 한다. 그러나 이것도 어디까지나 평균치이다. 당연히 모든 남성들이 80세까지 살고 갑자기 죽지는 않는다. 조금 더 젊었을 때에 죽는 경우도 있지만, 90세 100세까지 사는 경우도 있다.

　한편으로 현재 60세까지 산 사람은 대부분 85세까지 산다고 한다. 즉, 60세에 은퇴를 해도 앞으로 25년간의 생활이 남아 있다는 뜻이다.

　그러면 여기에서 매월 얼마의 돈이 생활에 필요한지 살펴보자.

　통계자료에 따르면 고령 세대의 무직인 부부가 한 달에 가계에 지출하는 비용은 약 250만 원이라고 한다. 즉, 두 사람이 연간 3천만 원을 지출한다는 뜻이다.

　이것은 30년 동안 열심히 저금해서 모은 3억 6천만 원이 12년 만에 없어진다는 의미이기도 하다.

　게다가 지금 삼사십 대의 사람들이 나중에 연금을 받을 나이가 되었을 때에는 연금이 제대로 지급될지 지급되지 않을지도 의문이다.

그렇기 때문에 미래가 불안하다는 뉴스를 접하면 저금을 하고 싶어지는 기분도 충분히 이해가 된다.

보통 사람들은 저축이 훌륭한 일이라고 교육받으면서 자라 왔다. 저금을 하는 사람은 성실한 사람이라는 증거이고, 저금을 하지 못하는 사람은 불성실한 사람이라는 교육을 받은 기억도 있다.

지금까지 이야기했듯이 돈이라는 것은, 모아 두는 방법만으로는 우리에게 큰 행복을 가져다주지 않는다. 모아 두는 것 자체는 좋지만, 결국 돈이라는 것은 무언가와 교환을 해야 하는 도구이다.

그래서 돈의 세계에서 성공한 사람들은 돈을 무언가와 교환을 잘한다.

일정기간 저금을 해도 좋다. 그러나 그 저금은 언젠가 무언가와 교환을 해야 하는 수단에 지나지 않는다. 게다가 노후에 안정된 생활을 보내기 위해서 평생을 절약하고 저금하면서 살아가는 인생은 조금 아깝지 않을까.

이 책에서 말하는 돈을 못 쓰는 사람이란 '돈을 모아 두는 사람'이다.

⟨30세부터 매월 100만 원씩 저금을 하면⟩

매월 100만 원×12개월＝1,200만 원

매년 1,200만 원×30년＝저금 3억 6천만 원

⟨60세 은퇴⟩

생활비: 매월 250만 원×12개월＝3,000만 원

저금 3억 6천만 원÷매년 3,000만 원＝12년

⟨72세 때 저금은 바닥난다⟩

보통 평균수명은
남성이 80세, 여성이 86세이다.
남은 인생을 어떻게 보내야 할까?

돈을 소중히 한다는 게
저축이 아니다

제일국립은행^현 ^{미즈호은행}과 도쿄가스, 도쿄증권거래소 등 많은 기업을 설립한 '일본 자본주의의 아버지'라고 불리는 시부사와 에이이치라는 사람은 실제로 500건 이상의 대기업을 세상에 내보냈다.

'경영의 신'으로 유명한 경영학자인 피터 드러커는 시부사와 에이이치를 이렇게 칭찬했다.

"시부사와 에이이치는 사상가로도 행동가로도 일류이다."

시부사와 에이이치는 '돈을 소중히 해라.'는 견해에 관해서 이렇게 말했다.

"의사가 환자의 목숨을 구할 때에 사용하는 '메스'도 사용하는 방법을 달리하면 사람을 상처 입히는 도구가 된다. 이것과 마찬가지로 우리는 돈을 소중하게 여기고, 올바른 곳에 돈을 사용하려고 마음먹어야 한다. 그러면 사회는 활발해지고, 경제도 진보한다. 그러나 개중에는 '돈을 소중히 해라.'는 말을 오해해서, 돈을 쓰는 것을 무턱대고 아까워하는 사람도 있다. 젊은 사람들은 돈을 헤프게 쓰지 않으려고 조심하는 동시에 구두쇠가 되지 않도록 주의해야 한다."

돈을 '사용하는 것'과 '모아 두는 것'은 정반대의 행위이다. 그러나 아무래도 '돈은 모아 두는 것'이라는 의식에서 벗어나지 못하는 사람이 많다.

그러한 사람들은 돈을 모아야 한다는 생각을 뛰어넘어서 돈을 모아 두는 행동을 '정당한 일' 즉, '미덕'으로 생각하기 쉽다. 다만 여기에서 구태여 말해 보자면, 무작정 돈을 모아 두는 행동은 '악惡'이라고 말해도 좋다.

일반적으로 사람들은 '저축은 미덕'이라고 생각한다. 어렸을 때부터 돈을 소중히 대하라는 말을 들으며 교육받고 자라왔기 때문이다.

어른이 된 지금도 자녀들에게 '저축은 미덕'이라고 똑같이 말하는 사람도 있지만, 그 말의 의미를 잘 생각해 본 적은 있는가?

확실히 돈은 소중하다. 그렇기 때문에 이 가르침은 틀린 말이 아니다. 그러나 많은 사람들이 돈을 소중히 대하라는 말을 '돈을 쓰지 말고 모아 두어라.'고 착각하고 있다. 그러나 '돈을 소중히 해라.'는 결코 '돈을 쓰지 말라.'는 뜻이 아니다.

돈을 소중하게 '쓰라'는 의미이다.

즉, '사용'하는 것이 대전제이고, '모으는' 것은 큰 착각이다.

내가 쓰는 것을 시작으로 그 돈은 누군가의 수입이 되고, 또 누군가가 돈을 쓴 덕분에 지금 나에게 돈이 있는 것이다.

우리가 돈으로 물건을 사면 그 돈은 물건을 만든 회사의 매상이 되어 직원들의 월급이 된다. 이렇듯 우리가 '돈을 쓴' 덕분에 그들은 생활이 가능해진다.

반대로 우리가 근무하는 회사의 매상은 다른 회사나 고객 등 누군가가 쓴 돈이다. 우리의 월급은 이 '누군가가 쓴 돈'에 의해서 나온다.

우리가 사용한 돈에 의해서 세상 누군가의 생활이 가능해지고, 마찬가지로 누군가가 쓴 돈에 의해서 우리의 생활이 가능해진다.

돈을 쓰지 않고 '모아 두기'만 하는 사람이 늘어나면 늘어날수록 당연히 회사의 매출은 떨어지게 되어 있다. 이것이 더욱더 심각해지면 경제 전체가 정체되는 우려가 생길지도 모른다. 그렇게 되면 우리의 월급에도 지장이 생긴다.

돈을 '모아 두는' 것은 돈을 '쓰지 않는' 행위이다. 나에게 들어온 돈을 일절 밖으로 내보내지 않는 것은, 다른 누군가에게로 들어가야 하는 돈을 '죽은 돈'으로 만들어 버리는 것과 같다. 그리고 그것은 결코 '미덕'이라고 말할 수 없다.

그러나 돈을 쓰자고 말해도 지금 당장은 이해할 수 없다. 그러므로 우선은 돈을 모아야만 한다는 잘못된 인식에서 벗어나는 것부터 시작하자.

돈은 야구 방망이와
칼과 같다

어떠한 세계에서도 그 길의 프로라고 불리는 사람은 기본적으로 도구를 잘 다루는 사람이다. 야구 방망이를 잘 휘두르는 사람은 야구 선수로, 칼을 잘 다루는 사람은 요리사로, 레이싱카를 잘 운전하는 사람은 레이서가 된다.

돈의 세계에서는 돈이 곧 도구이다. 그렇기 때문에 돈을 잘 다루는 사람만이 부자가 될 수 있다. 단순하게 들릴지도 모르지만, 이것은 많은 사람들이 놓치는 중요한 진리 중의 하나이다.

돈에는 '교환'과 '보존'이라는 2가지 기능이 있다는 사실은 앞에서도 이야기했지만, 부자가 되기 위해서는 우선 '교환'의 능력을 높일 필요가 있다. 왜냐하면 교환을 통해서 돈을 손에 넣을 수가 있고, 비로소 '보존'이 가능해지기 때문이다.

교환에는 2가지 측면이 있다. 그것은 '벌기'와 '쓰기'이다. 교환하는 능력을 높이기 위해서는 이 2가지 측면에서 경험을 쌓고, 돈을 공부해야만 한다.

당연한 이야기이지만 대부분 사람들은 '벌기'의 방법을 간단하게 바꾸지 못한다. 당연하지만, 어제는 자동차 판매원으로, 오늘은 꽃가게에서, 내일은 놀이공원에서 일하는 것은 불가능하기 때문이다.

그렇기 때문에 '벌기'의 능력을 높이는 경험은 좀처럼 쌓기가 어렵다.

'쓰기'에 관해서는 다양한 경험이 가능하다. 신입 사원처럼 돈을 쓸 수도 있고, 가정주부처럼 돈을 쓸 수도 있다. 어느 회사의 사장처럼 돈을 쓰는 것도 가능하고, 투자가처럼 돈을 쓰는 것도 가능하다. 쉽게 설명하면, 누구라도 오늘부터 돈을 적게 쓰는 사람이 될 수도 있고, 돈을 많이 쓰는 사람이 될 수도 있다는 뜻이다.

'쓰기'의 능력을 높이는 것은 '벌기'의 훈련으로 이어지기도 한다. 돈을 많이 버는 사람은 돈을 쓰면서 돈을 버는 능력이 뛰어나다. 그들은 누군가가 돈을 쓴 덕분에, 그 돈이 되돌아와 나의 수입이 되었다는 사실을 알고 있기 때문이다.

중요한 것은 사람이 돈을 쓴 상황과 이유, 다시 말해 돈을 지불한 심리를 알면 쉽게 돈을 벌 수 있다는 뜻이다.

투자가도 '교환' 능력이 뛰어난 사람 중의 하나이다.

내 친구는 교환 능력만으로 5백만 원을 한 달 만에 10억으로 만들었다. FX라는 통화 거래교환만으로 5백만 원이 2백 배로 늘어난 것이다. 이러한 능력은 한 번 몸에 익히면 누구나 쉽게 다시 활용할 수가 있다. 그 덕분에 내 친구는 매해 큰돈을 벌고 있다.

대부분 교환이 아니라 보존저금에 관심이 많다. 하지만 교환 능력을 먼저 익힌 후에 보존 능력을 익혀야 한다. 하지만 많은 사람들이 돈 다루는 방법을 반대로 생각하고 있다.

교환에 속한 벌기와 쓰기를 배운 후 보존 능력을 높여야만 한다. 교환과 보존의 순서가 바뀌면 절대 부자가 되지 못한다.

또한 '벌기'보다 '쓰기'가 그 능력을 높이기 쉽다. 그렇기 때문에 '쓰기'로 연습을 하면서 '교환' 능력을 높이는 것이 부자가 되는 가장 빠른 지름길이다. 그리고 '쓰기'의 달인이 '벌기'의 달인으로 이어진다. 즉, 진짜 부자들은 돈 잘 쓰는 사람이 부자가 된다는 사실을 잘 알고 있다.

다행히도 다른 세계에 비해서 돈의 세계에서는 일반 사람도 성공할 가능성이 매우 높다. 4년에 한 번 열리는 올림픽이라는 큰 경기는 금메달을 목에 걸어야만 인정받는 세계이다.

그러나 돈의 세계에서는 어느 지역의 100위 안에만 들어도 엄청난 성공가로 인정받는다.

어떠한 세계에서도 성공가란 야구 방망이와 칼 그리고 돈이라는 도구를 잘 보존하는 사람이 아니라 잘 쓰는 사람을 의미한다.

돈을 *써야*
돈이 늘어난다

부자들은 돈을 많이 쓴다. 이러한 이야기를 들으면,

"그야 돈이 많으니까 돈을 많이 쓰지."

라고 말하고 싶을 테지만, 사실은 그렇지 않다.

그 반대로 돈을 많이 쓰니까 부자가 되었다고 말할 수 있다. 그리고 그 후에도 돈을 많이 쓰는 사람이 더욱더 큰 부자가 된다.

그저 돈을 쓰기만 하면 부자가 되는 것은 아니다. 한마디로 말하면 돈을 늘리는 방법을 알아야 부자가 된다. 즉, 이것이 돈 잘 쓰는 방법이다.

돈은 교환이라는 기능에 따라서 사람에서 사람에게로 흘러간다. 내가 쓴 돈이 어느새 나에게 되돌아오기도 하고, 유감스럽지만 되돌아오지 않기도 한다. 또한 되돌아오더라도 그 액수가 줄어드는 경우도 있다.

돈이 제대로 되돌아올지 되돌아오지 않을지는 돈 쓰는 방법에 달려 있다.

이를테면 오늘 쓴 돈은 1년 후에 5배가 되어서 되돌아올 수도 있다. 만약 그것을 사전에 안다면 오늘 하루 돈을 많이 쓰자고 생각할 것이다. 그리고 10배가 되어 되돌아온다면 더 많이 쓰자고 생각할 것이다.

오늘 쓴 돈은 비록 2배밖에 늘어나지 않지만 내일 반드시 되돌아온다면 어떻게 할까? 1년 후에 5배로 늘어나는 선택을 할까, 내일 2배로 늘어나는 선택을 할까. 어떠한 선택을 해야 나에게 가장 좋은 결과가 될지, 돈 쓰는 방법을 제대로 검토해 봐야 할 것이다.

부자들이 돈 쓰는 방법은 이렇다.

그들은 내가 지금 쓰는 돈은 더 많은 돈이 되어 나에게 되돌아온다는 사실을 알고 있다. 그래서 돈을 많이 쓰는 것이다. 게다가 나에게 보다 좋은 결과를 가져오는 방법을 검토하고, 그 결과를 확실하게 얻을 수 있는 길을 선택한다.

돈을 무턱대고 써서는 안 된다. 무엇에 쓸 것인지, 그것이 나에게 어떠한 의미가 있는지, 그것이 주변에 어떠한 영향을 미치는지 그리고 어떻게 해서 나에게 되돌아오는지, 돈을 쓰는 단계에서 신중하게 생각할 필요가 있다.

대부분의 사람들은 자동차나 집처럼 큰 물건을 살 때에만 되팔 때의 가격을 생각한다. 그러나 그것만으로는 부족하다. 매일 일어나는 작은 지출 속에서도 이 같은 생각을 해야만 한다. 즉, 돈 잘 쓰는 방법을 연구해야만 한다.

적절한 시기에, 적절한 곳에, 적절한 방법으로 돈을 쓴 후에 그 돈이 2배, 5배, 10배가 되어 되돌아 올 수 있도록 만들어야 한다.

이를테면 장기적인 시점으로 구입한 가격보다 높게 팔 수 있는 그림이나 와인, 부동산이 그러하다. 무언가를 배우거나 기술을 습득하는 것도 이 분야에 들어간다. 또는, 레스토랑에서 즐기는 식사도 돈을 쓰는 방법에 따라서는 본전이 아니라 그 몇 배의 돈이 되어 되돌아오기도 한다.

　도대체 무슨 이야기를 하고 있는 건지 잘 이해가 되지 않을 것이다. 하지만 괜찮다. 이 책을 읽다 보면 '쓰다'가 '늘리다'로 되는 방법을 점점 알 수 있다.

　돈을 쓰는 방법에는 여러 가지가 있다. 사람을 행복하게 만들어 주는 방법도 있고, 사람에게 상처 주는 방법도 있다. 돈 때문에 인생을 망쳤다는 이야기는 자주 나오지만, 그것 이상으로 돈으로 구제받은 사람도 많이 있다.

　유감스럽게도 학교에서는 돈 쓰는 방법을 가르쳐 주지 않는다. 왜냐하면 가르칠 자격이 있는 사람이 없기 때문이다. 돈이라는 것은 비즈니스나 투자를 하는 사람이 아니면 그 본질을 제대로 이야기할 수가 없다.

　그렇기 때문에 돈을 배우고 나아가 부자가 되기 위해서는, 비즈니스나 투자를 하는 사람에게서 직접 배울 수밖에 없다.

저자

{ **시바타 스토리** }
Shibata's story

1

돈과 '대등하게' 마주하는 방법을 배운 어린 시절

나, 시바타 히로히토는 도쿄 시에 있는 건설 회사 사장의 장남으로 태어났다.

건설 회사란 집이나 빌딩을 지을 때에 다양한 전문 업자를 준비해서 한데 모으는 역할을 한다. 그래서 어렸을 때부터 목수부터 시작해서 건축 자재 영업사원과 여러 하청업체 사장까지 매일 다양한 사람들이 우리 집을 찾아왔다.

초등학생 때의 일이다. 어느 날 학교에서 친구가,

"야호! 오늘은 아버지 월급날이야."

라며 기뻐했다. 월급날은 집에 돈이 가장 많은 날이라서 저녁 반찬이

맛있는 음식들로 가득 찬다고 했다. 그래서 나도 집에 돌아가 어머니에게 우리 집도 그런지 물어보았다. 그러나

"우리 집에서는 가장 돈이 없는 날이 월급날이야."

라는 어머니의 말에 깜짝 놀랐었다.

집에 출입하는 기술자와 업자들은 나의 아버지에게서 일을 받는 입장이었고, 일이 끝나면 당연히 아버지에게서 보수를 받아갔다. 그렇기 때문에 우리 집에서 '월급'은 '받는' 것이 아니라 '주는' 것이었다.

그 사실을 안 덕분에 돈이라는 것에는 '주는 사람'과 '받는 사람'이 있다는 것을 몸으로 알게 되었다.

초등학생 때부터 돈에 대한 다양한 감각을 몸에 익힌 덕분에 대학생이 되고 난 뒤에는 '받다'와 '주다'의 양방향을 보다 쉽게 경험할 수 있었다.

건설 현장에서 아르바이트를 했을 때에는 내가 직접 일해서 돈을 '받는' 경험을 했다. 그뿐만이 아니라 현장 감독에게,

"이번에 도청을 건설하는 현장에 들어가게 되었는데 많이 바쁘니까 학교에 가서 친구들 좀 데리고 와."

이런 부탁을 듣고 친구들을 몇 달에 걸쳐서 현장에 소개시켜 준 적이 있었다.

그때는 감독에게서 친구들의 아르바이트 비용을 '받아서' 그들에게 '주는' 역할을 했었다. 꽤 긴 시간이었기 때문에 감독에게도 친구들에게도

"매번 수고하니까 소개료를 줄게."라며 사람의 소개가 '비즈니스'로 이어진 시기도 있었다.

갑자기 "내일 5명 부탁해!"라며 감독에게 전화가 걸려오거나, 사람이 부족할 때에는 내가 직접 현장에 투입되어야 하는 매우 힘든 비즈니스였지만, 돈에 대한 다양한 측면을 엿보는 귀중한 경험이었다.

어렸을 때부터 '받다'와 '주다'라는 두 가지 돈의 측면을 경험할 수 있었던 것이 항상 돈과 대등하게 마주할 수 있는 커다란 요인을 마련해 주었다.

PART 2

우리는 왜 부자가 되고 싶은가?

돈을 부르는 '사람'과 그리고 '물건'

부자들은 무엇을 가장 소중하게 생각할까

목표는 '자원 보존'이다

자원이 늘어나면 돈이 늘어난다

우리는 왜
부자가 되고 싶은가?

우리는 왜 '부자'가 되고 싶은 걸까?

부자는 '가지고 싶은 것'을 손에 넣기 위한 하나의 수단이기 때문이다. 그러나 돈을 쓰지 않고 '가지고 싶은 것'을 손에 넣는 방법은 없을까?

물론, 방법이 있기는 있다. 그 옛날, 사람들은 물물교환을 통해서 자신이 '가지고 싶은 것'을 손에 넣었다. 현대처럼 고도로 정보화된 사회에서도 물물교환으로 필요한 물건을 손에 넣거나, 어떠한 서비스를 받을 수도 있다. 더 이상 쓰지 않게 된 게임 CD를 친구와 교환하거나, 도시락 반찬을 나눠 먹는 것이 이와 같은 원리이다.

그리고 물건을 주는 대신에 상대방에게 '무언가를 해 주는' 것으로 대가를 치를 수도 있다.

이 경우에는 나뿐만이 아니라 다른 사람의 힘을 빌려서 대가를 치르는 일도 가능하다. 실제로 이 방법은 기본적으로 경영자^{고용주}가 하고 있는 방식과 같다. 직원들이 일을 해 줌으로써 고객에게 가치를 제공하고, 경영자는 그 대가로 직원에게 월급을 준다.

경영자와 직원은 계약관계이지만, 교환하는 사람끼리 서로 신뢰가 있으면 돈이 아닌 다른 무언가로 대가를 치르는 것도 가능하다. 항상 신세를 지고 있는 저 사람을 위해 무언가 해 주자, 저 사람이라면 믿을 수 있으니까 같이 일해 보자, 이러한 생각이 들면 다른 사람을 위해 나라는 도구를 제공할 수도 있기 때문이다.

물건과 도움도 돈과 마찬가지로 가지고 싶은 것을 손에 넣기 위한 도구가 된다. '사람, 물건, 돈'은 비즈니스에서 빠질 수 없는 중요한 요소라는 말을 들어본 적이 있을 것이다. 실제로 이것들은 모두 '자원'이라고 말할 수 있다.

'부자'란 이 자원 중에 '돈'을 많이 가지고 있는 사람이다.

'자원'이란 사전적으로 설명하면 '인간의 생활과 산업 등에 이용 가능한 것'이다.

무언가를 위해서 필요한 것인 동시에 그것을 가지고 있으면 내가 하고 싶은 것과 새로운 것에 도전할 수 있다는 의미에서 보면, 자원은 모든 활동의 원천이기도 하다.

그리고 사람이라는 자원 속에는 주변 사람뿐만 아니라, 나 자신도 포함되어 있다.

딱히 의식하고 있지 않을지도 모르지만, 우리의 생활은 '사람, 물건, 돈'으로 넘쳐나고 있다. 그렇기 때문에 이 자원을 보다 많이 그리고 보다 정확하게 사용하면 꿈과 목표를 실현시킬 수가 있다.

이를테면 여름휴가 때에 1주일 동안 하와이 여행을 계획하고 있자고 하자. 보통은 여행을 위해 얼마가 필요할지, 돈이라는 자원만을 생각한다. 그러나 실제로 다른 자원을 사용하는 것도 가능하다.

하와이에 친구가 있으면 그 친구 집에 머무르면서 차를 빌리고 식사도 대접받을 수 있다. 그리고 모아 둔 항공 마일리지를 사용하면 항공권 요금이 무료가 될 수도 있다.

또는, 맛있는 이탈리아 요리를 먹고 싶다고 가정해 보자. 물론 돈을 지불하고 이탈리아 레스토랑에서 식사를 하는 것도 가능하지만, 이탈리아 요리 셰프인 친구와 다른 친구들에게 집을 제공할 테니 음식을 가지고 와 파티를 열자고 제안하는 일도 가능하다. 이것은 집이라는 자원 덕분에 맛있는 이탈리아 음식을 즐길 수 있게 되는 것이다.

이렇듯 돈뿐만이 아니라 사람도 물건도 잘 활용하면 많은 목적을 달성하는 데에 도움이 된다.

그러나 대부분의 사람들은 돈에만 주목하고 사람과 물건을 무시하는 경향이 있다. 우리가 부자가 되고 싶은 진짜 이유는, 돈보다도 '하고 싶은 것'과 '원하는 물건'이라는 목적이 있기 때문이다. 그러한 목적은 사람과 물건으로도 실현시킬 수 있다.

즉, 반드시 '돈이 많은 부자'를 목표로 할 필요는 없다. 다양한 분야의 인재를 모아서 '사람 부자'가 되는 것도 좋고, 모든 종류의 물건을 사용할 수 있는 '물건 부자'가 되는 것도 좋다.

조금 더 자세히 말하면, 돈보다도 물건과 누군가의 도움이 목적 달성에 유효하게 작용되는 경우도 있다. 그렇기 때문에 이탈리아 요리의 예처럼 돈을 일절 쓰지 않고 목적을 달성하는 것도 가능하다.

어떤 의문도 없이 그저 '부자가 되고 싶다.'고 생각하는 사람은

《여름휴가 하와이여행 계획》

숙소

하와이에 살고 있는 친구의 집

식사   자동차

친구와 함께   친구에게 빌린다

모아 둔 마일리지로 항공권 무료

돈이 없어도
가능!!

주의하길 바란다.

우리에게 필요한 자본이 정말 돈밖에 없을까. 대부분의 경우가 그렇지 않다. 대부분의 사람들이 정말 원하는 것은 '사람'과 '물건'이기 때문이다.

돈을 부르는 '사람'과
그리고 '물건'

자원으로써 '물건'은 집과 자동차 등 큰 물건에만 한정되지 않는다. 당연히 우리 주변에 있는 다양한 물건도 귀중한 자원이 된다.

그러나 '무언가를 달성하기 위해서 효과적으로 사용할 수 있는 것' 이라는 시각으로 그 자원들을 보고 있는 사람은 그다지 많지가 않다. 대부분의 '물건'은 돈을 사용해 구입한 것이지만, 구입한 후에 가지고만 있으면 보물을 썩히는 일밖에 되지 않는다.

주식과 부동산도 언뜻 보면 '돈'처럼 생각될지도 모르지만, 실태가 있다는 의미에서는 '물건'과 같다. 되팔 목적으로 구입한 부동산 건물이라도 그곳에 내가 직접 사는 것도 가능하다. 또한, 누군가에게 빌려주거나, 자녀가 독립할 때에 그곳에 머무르게 하는 등 실제로 부동산은 '물건'으로써 큰 도움이 되는 자원이다.

어떠한 물건이라도 그것을 '자원'으로 생각하고, 효과적으로 활용하는 것이 중요하다.

한편, '사람'을 자원으로 생각할 때에는 직원과 동업자 또는 고객처럼 비즈니스에 필요한 인재만이 머리에 떠오를 것이다. 그러나 그뿐만이 아니다.

이를테면 위험에 처했을 때 손을 내밀어 주는 오랜 친구도 사람 자원이고, 힘이 들 때에 조언을 해 주는 선배도 소중한 사람 자원이다. 재난이 일어났을 때에는 서로 도와주며 난관을 함께 헤쳐 나가는 마을 사람들도 사람 자원이고, 앞에서 소개한, 여행지에 살고 있는 친구나 셰프 친구도 사람 자원이다.

정말 풍족한 부자들은 자신이 가지고 있는 '사람'이라는 자원을 효율적으로 활용한다.

부자들은 나와 관련된 사람 자원을 적극 사용해서 비즈니스를 전개시킨다. 또한, 돈 자원과 물건 자원만으로는 실현시킬 수 없는 목표를 사람 자원으로 이루어낸다.

그러기 위해서는 사람과 사람 사이에 '신뢰'라는 연결이 필요하다. 그리고 부자들은 그 신뢰를 쌓기 위해 돈을 쓴다. 물론, 돈을 쓰지 않고도 신뢰를 쌓을 수는 있지만, 돈을 사용하면 신뢰 관계를 하루 빨리 실현시킬 수가 있다.

그러면 앞에서 소개한 예시에 대해서 다시 생각해 보자. 이번에는 나를 반대 입장에 두어보자.

내가 살고 있는 마을로 여행을 온 친구가 있다고 하자. 그 친구에게 그저 잠만 재워 주는 것이 아니라 식사를 대접하고 자동차로 마을 명소를 안내해 주면 상대방은 무척 기뻐할 것이다. 그러면 언젠가 우리가 상대방 마을로 여행을 갔을 때에 그 친구도 똑같이 어쩌면 그 이상으로 우리에게 친절을 베풀어 줄 것이다.

이러한 관계를 많이 쌓아놓으면 조금 더 다양한 곳으로 편안하게 여행을 갈 수 있다. 만약 '세계 여행'을 하고 싶어서 부자가 되고 싶다면, 전 세계에 있는 '사람' 자원을 적극 활용하다 보면 그 꿈을 보다 쉽게 이룰 수 있다.

즉, 사람에게 돈을 쓰면 그 사람과 사이에 생기는 신뢰관계로 인해 내가 활용할 수 있는 자원은 더욱더 늘어나게 된다. 상대방과의 관계가 보다 두터워지면 우연한 계기로 새로운 기회를 만들수도 있고, 내가 줄곧 원했던 것을 손에 넣을 가능성도 높아진다.

'사람'이라는 자원에 돈을 쓰는 일은 '누군가를 기쁘게 만들어주는 것'과 동시에 나의 가능성을 확대시키는 것이다.

누군가를 기쁘게 해 주기 위해 돈을 쓰라고 하면 봉사활동이 떠오를지도 모르지만, 이것은 일방적인 무상 행위를 말하는 것이 아니다.

'남에게 인정을 베풀면 반드시 나에게 되돌아온다.'는 말이 있듯이 상대방도 기뻐하고, 그 기쁨이 언젠가 나에게 되돌아올 수 있도록 돈을 쓰는 것이 돈 잘 쓰는 방법이다.

부자들은 무엇을
가장 소중하게 생각할까

'사람'이라는 자원을 생각할 때에는 잊어서는 안 되는 것이 있다. 그것은 바로 '나 자신'이다. 실제로 내가 생각한 대로 모두 사용할 수 있다는 점에서 보면 나 이상으로 좋은 사람 자원도 없다.

나뿐만이 아니라 '사람'이라는 자원에는 지식과 경험, 기술이라는 눈에 보이지 않는 중요한 요소들이 숨어 있다. 그러한 요소들을 활용해서 무언가를 손에 넣거나 목적을 달성할 수 있기 때문에 '사람'은 주된 자원이 된다.

또한, 지식과 경험, 기술은 '사람, 물건, 돈'이라는 모든 자원을 손에 넣는 토대가 되어 준다.

풍부한 지식을 가졌거나, 아무도 하지 못한 경험을 했거나, 엄청난 기술을 가지고 있다면 그것들을 가지지 못한 사람들보다 많은 보수를 얻을 수 있다. 그리고 그 요소 자체가 다른 사람에게 제공할 수 있는 자원이 된다.

아무리 편리한 도구라도 그것을 제대로 다루는 기술이 없으면 무용지물이 되고, 애초에 '자원이 없는 것'과 마찬가지가 된다. 주식 투자에서도 지식이 있으면 위험성을 줄이고, 확실한 수익을 낼 수가 있다. 부동산의 우량 물건을 꿰뚫는 눈도 지식과 경험에 의해서 단련된다.

또한, 폭넓은 지식과 경험이 있으면 그만큼의 폭넓은 인맥을 만들 수가 있다.

그렇게 되면 앞에서도 말했듯이 그 인맥을 활용하는 것뿐만이 아니라 그 인맥을 통해 다른 곳에서는 얻을 수 없는 특수한 기회를 얻을 수 있다. 또한 때로는 소중한 물건을 선물로 받게 될지도 모른다. 나도 그들처럼 귀중한 경험을 하게 될지도 모르고, 또 다른 인맥을 소개받을지도 모른다.

지식과 경험, 기술은 나 이외에 다른 사람이 겸비하고 있어도 크게 활용할 수 있지만, 내가 직접 겸비하고 있으면 그 누구보다도 가장 잘 활용할 수가 있다. 문자 그대로 나의 생각대로 사용하는 것이 가능하기 때문이다.

게다가 지식과 경험, 기술은 나의 힘으로 충분히 늘릴 수가 있다.

'나'라는 자원은 나 한 사람밖에 없기 때문에 그 수를 늘릴 수는 없지만, 지식과 경험과 기술을 늘림으로써 자원의 가치를 높일 수는 있다. 가치가 높아지면 그것을 활용해서 더 많은 자원을 얻을 수 있고, 또한 활용할 수 있는 폭도 넓어진다.

이를테면 IT에 관련된 지식이 풍부한 사람은 그 지식을 살려서 전문직으로 취직하면 일반 사무직보다 높은 연봉을 받을 수 있다.

그리고 만약에 IT 이외의 매니지먼트 기술에 관한 지식도 갖추고 있으면 IT 관련 매니저로 발탁되어 승진되거나, 조금 더 큰 비즈니스 세계에서 활동하는 기회를 얻을 수도 있다.

또는, IT와 예술이라는 장르가 다른 분야의 지식을 겸비한 사람이라면, 그것들을 접목한 희소가치로 수입을 올릴 수도 있고, 그 양방향에서 수입을 얻을 수도 있다.

이렇듯 멀티인컴다수의 수익-옮긴이 주은 부자가 되고 싶은 사람들이 가장 먼저 생각해야만 하는 유력한 수단 중의 하나라고 말할 수 있다.

이러한 지식과 경험과 기술을 늘리기 위해서 필요한 것이 '자기투자'이다.

즉, 돈을 써서 나라는 자원의 가치를 높이는 것이다. 나의 가치가 높아지면, 그것만으로도 얻을 수 있는 자원은 늘어나고, 그 자원들을 효과적으로 활용해서 더욱더 많은 자원을 손에 넣을 수 있게 된다.

보다 큰 가치를 제공할 수 있는 내가 되자. 이것이 돈을 잘 쓰는 기본 방법이고, 나아가 매우 효율적인 돈 쓰기 방법이다.

사람은 누구나 매일 많은 자원을 사용한다.

이를테면 하루를 쾌적하게 보내기 위해서는 외출할 때 옷을 꺼내 입고, 배가 고플 때에는 식사를 하는 등 우리는 무의식중에 여러 가지 자원을 사용한다.

이것은 내가 가진 자원을 활용해서 '쾌적한 생활'이라는 목적

《나의 가치를 높이자》

- IT기술 보유
→ 일반 사무직

월수입 300만 원

- IT기술 보유
- 매니지먼트기술 보유

월수입 500만 원

- IT 기술 보유
- 예술 지식 분야
- 예술에 관한 사이트 운영

월수입 1,000만 원

을 달성하는 것이다. 그리고 일반적으로 내가 가진 자원이 늘어나면 늘어날수록 그것을 활용해서 더 많은 것을 얻을 수 있다.

휘발유가 1리터밖에 들어가지 않는 자동차보다 10리터 들어가는 자동차가 10배는 멀리 달릴 수 있다. 1평의 논에서는 한 사람분의 쌀밖에 나오지 않지만, 10평의 논에서는 열 명 이상의 배를 채워 주는 쌀이 나온다. 바꿔 말하면 커다란 결과를 얻으려면 커다란 자원이 필요하다는 뜻이다.

여기서 잠시 '부자란 무엇일까?'라는 의문으로 되돌아 가보자.

앞에서 '부자는 돈을 많이 쓴다.'고 말했다. 돈은 자원이기 때문에 이것은 즉, '부자는 자원을 많이 쓴다.'고도 말할 수 있다. 실제로 부자들은 모든 자원을 적극 활용해서 자신의 목적을 달성한다.

돈이라는 자원은 사람 자원과 물건 자원보다도 교환 속도가 높은 것이 특징이다. 그렇기 때문에 사람 자원과 물건 자원만으로 교환하는 것보다 돈을 사용해서 교환을 하면 그 속도를 높일 수 있다. 그리고 교환 속도에 따라서 자원을 늘리는 속도도 높일 수가 있다.

현대는 많은 물건과 정보, 서비스를 돈과 교환할 수 있는 경제 사회가 되었다. 그렇기 때문에 '돈이 많아야 한다.'는 세계관은 확실히 존재한다.

그러나 결국 돈도 물건과 사람과 똑같은 자원이고, 무언가를 달성하기 위한 도구에 지나지 않는다.

돈으로 돈을 낳는 것보다 물건으로 돈을 낳는 편이 간단하고, 더욱더 사람으로 돈을 낳는 편이 조금 더 간단하다. 그리고 부자들은 모두 이러한 인식을 가지고 있다. 그렇기 때문에 부자들은 쉽게 돈만을 추구하지 않는다. 그리고 진짜 부자는 사람을 매우 소중하게 여긴다.

거기에 그치지 않고 목적을 달성하기 위해서 돈 자원만을 쓰는 것이 아니라 사람 자원과 물건 자원으로 목적을 달성하려고 한다. 사람도 물건도 자원으로서는 돈과 동등한 가치를 가지고 있는 경우가 많이 있기 때문이다.

그러나 자원 중에 돈만 추구하는 사람은 그 사실을 알지 못한다.

그러한 사람들은 '돈만 있으면 무엇이나 할 수 있다.', '돈이 전부다.'고 생각하고 있기 때문이다. 설령 그들이 부자가 된다고 하더라도 오랫동안 그 부를 유지하지는 못한다.

오랫동안 부자로 머무르는 사람들은 모두 물건과 사람의 가치를 충분히 이해한다. 그렇기 때문에 그들은 '부자'가 되려고 노력하는 것이 아니라 이른바 '자원 부자'가 되는 것을 목표로 한다.

그렇게 쌓아 올린 재산은 여간해서는 흔들리지 않고, 그저 오래 유지되는 것뿐만이 아니라 '점점 늘어나는' 자산이 된다.

자원이 늘어나면
돈이 늘어난다

보다 많은 자원이 있으면 보다 많은 결과를 얻을 수 있다. 그리고 질 좋은 자원을 가지고 있으면 빠르게, 높은 확률로, 보다 많은 결과를 얻을 수 있다.

자원에도 질이 있다. 그리고 그 질 중의 하나가 '교환 효율'이다. 목표를 달성할 때에 보다 빠르게, 보다 높은 확률로, 보다 큰 목표를 달성할 수 있게 도와주는 자원이 '교환 효율'이 높은 자원이라고 말할 수 있다.

이를테면 '한 번 주유로 가능한 멀리 달리고 싶다.'는 목적으로 자동차를 선택하는 경우에 대해서 생각해 보자.

눈앞에 '연비가 나쁜 자동차'와 '연비가 좋은 자동차'가 있다. 휘발유 1리터로 3킬로미터를 달릴 수 있는 미국 자동차와, 30킬로미터를 달릴 수 있는 우리나라 자동차이다. 자동차라는 같은 자원이지만 '한 번 주유로 가능한 멀리 달리고 싶다.'는 목적에 맞는 질 높은 자원은 연비가 좋은 우리나라 자동차가 된다.

그러나 자동차를 고르는 목적이 연비는 상관없이 '가능한 단시간에 목적지에 도착하고 싶다.'는 경우도 있다. 그때에 필요한 자원은 연비가 좋은 자동차가 아니라 속도가 빠른 자동차이다. 속도가 빠른 자동차가 목적에 대해서 '교환 효율'이 좋다고 말할 수 있다.

돈 쓰는 방법도 마찬가지이다. 중요한 것은 '목적에 맞는 자원을 늘리는 방법'으로 돈을 써야 한다는 점이다. 돈만 쫓으려고 하지 말고 '사람, 물건, 돈'이라는 자원이 목적에 맞게 늘어날 수 있도록 항상 주의하면서 돈을 써야 한다.

반대로 말하면, 부자는 자원이 늘어나지 않는 돈은 절대 쓰지 않는다.

자원이 늘어나지 않는 돈은 일반적으로 '소비'와 '낭비'라고 불리는 지출에 해당된다. 이것들도 모두 돈을 써서 무언가를 손에 넣는 행위이지만, 소비와 낭비는 향후에 '자원'이 되지는 않는다.

즉, '소비'와 '낭비'는 자원이 줄어드는 돈 쓰는 방법이다.

물론, '소비'는 생활에 있어서 빠질 수 없고, '낭비'도 스트레스 해소 목적으로 자신이 통제할 수 있는 범위 안에서는 괜찮을지도 모른다. 그러나 그것은 '돈'이라는 자원이 줄어드는 행위일 뿐이라고 인식할 필요가 있다.

자원은 모든 것을 달성하기 위해 효과적으로 활용할 수 있지만, 반대로 자원이 없으면 아무것도 달성할 수 없다고 말할 수 있다.

'자원을 늘리는 돈 쓰는 방법'이란, 일시적으로 돈이 줄어들어도 물건 자원과 사람 자원은 늘어나는 방법이다. 이 경우에는 사람 자원과 물건 자원을 돈 자원과 교환했다고 말할 수 있다. 이렇듯 돈을 '교환'하면서 사람 자원과 물건 자원을 늘려가야 목표 지점에 도착할 수가 있다.

나의 최종 목표가 무엇인지에 따라서 늘려야만 하는 자원의 종류도 바뀔 것이다. 물건이 많은 편이 좋으면 보다 물건을 많이 모으는 행동으로 목표를 달성할 수 있다.

그리고 물론 돈이라는 유력한 자원에 의해서 목표가 이루어지는 경우도 많이 있다. 그러나 돈만으로는 모든 목표가 이루어질 수 없고, 돈이 없어도 이룰 수 있는 목표는 얼마든지 많이 있다.

　자원을 늘리는 돈 쓰는 방법이란, 돈만 쫓는 것이 아니라 나의 목표에 가까워지는 길을 확실하게 나아가는 것이다.

저자

다케마츠스토리

Takematsu's story

1

부자는 '나쁜 사람'이라고 생각했었다

나, 다케마츠 유우키는 나가노 현 남부의 이나 시라는 시골 마을에서 태어났다. 아버지는 지방 공무원으로 지극히 안정 지향적인 가정을 이룬 분이다.

어렸을 때 주변 어른들이나 학교 선생들에게 '사장'이라는 직함이 붙은 사람을 무조건 나쁜 사람이라는 말을 들으면서 자라왔다. 요컨대 사장들은 사람들을 혹독하게 부려 나쁜 일을 해서 부자가 되었다는 것이다. 일하는 것은 아름답지만, 돈을 쫓는 일은 더러운 일이다. 이러한 식으로 교육을 받은 기억이 있다.

초등학생 때부터 고등학생 때까지 야구를 해 온 나는 프로 야구선수가 되는 것이 꿈이었다. 그러나 그 실력이 없다는 사실을 이미 알았고, 앞으로 무엇을 해야 할지 고민하기 시작했다. 그때에 일류 프로 야구선수처럼 1년에 연봉 10억 원 이상을 버는 사람이 되자고 마음먹었다. 어차피 프로 야구선수가 되지 못한다면 그들처럼 돈을 많이 벌어서 멋진 인생을 보내자는 생각에서였다.

그러나 그때에 돈을 많이 벌려면 무언가 나쁜 일을 해야만 한다는 생각이 문득 떠올랐다. 그것이 어른들에게서 들은 이야기였기 때문이다.

대학을 졸업하고 들어간 IT 벤처기업은 상당히 악랄한 영업수법을 벌였지만, 당시에는 그것이 '돈을 버는 정당한 길'이라고 믿고 있었다. 그러나 어딘지 모르게 '고객을 소중하게 대하지 않는 마음'은 내게서 소중한 것을 빼앗아갈 수 있다는 생각이 들어서 하루빨리 퇴사를 결정했고 한동안은 프리랜서로 일을 했다.

그 후 다른 IT 기업에서 영업직으로 일을 했지만 부업으로 시작한 웹사이트가 호황을 맞이했고, 얼마 지나지 않아 연봉 1억 원을 달성해서 독립을 하였다. 그러나 부업에 열정은 없었고, 다른 비즈니스도 다양하게 해봤지만 어쨌든 매일 괴로운 나날을 보내기만 했었다.

지금 생각하면 그것도 당연하다. '다른 사람보다 돈을 많이 벌기 위해서는 다른 사람보다 싫은 일을 많이 해야 한다.'고 믿고 있었기 때문이다. 그래서 나는 싫어하는 일만을 했었다.

그러나 무언가가 잘못되었다고 생각했다. 그래서 돈을 많이 벌면서도 인생을 행복하게 보내는 사람들은 어떠한 생각으로 살아가는지 강연을 듣게 되었다. 그리고 알았다. 돈은 '견딤의 대가로 받는 것'이 아니라는 사실을. 돈은 '다른 사람에게 기쁨을 준 대가로 받는 것'이었다.

그 후 시바타 히로히토와 여러 성공가들을 만나, 싫어하는 일과 나쁜 일이 아니라, 고객과 사람들에게 좋은 일을 하면 할수록 돈을 많이 벌 수 있다는 사실을 알게 되었다. 나의 인생은 이 하나의 깨달음을 통해 정체기에서 벗어나 새로운 길을 찾게 되었다.

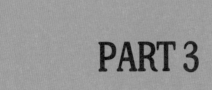

PART 3

3가지 상자(소비, 낭비, 투자)가 인생을 바꾼다

흔히 '부자들은 의외로 구두쇠이다.'라고 말한다. 보는 눈에 따라서는 그럴지도 모른다. 왜냐하면 부자들은 쓸데없는 곳에는 일절 돈을 쓰지 않기 때문이다.

이 말과 부자는 돈을 많이 쓴다는 말은 사실 모순이 아니다. 그들은 낭비도 하지 않지만 '내가 정말 얻고 싶은 결과를 위해서는 돈을 아낌없이 쓰기' 때문이다.

부자와 부자가 아닌 사람들의 돈 쓰는 방법을 이해하기 위해서는 지출을 '소비', '낭비', '투자'로 나누어서 생각해야 한다. 소비, 낭비, 투자라는 이름이 붙은 3가지 상자가 있다고 생각하고, 모든 지출을 여기 3가지 상자로 나누어 보자.

- 소비 – 살아가는 데에 꼭 필요한 지출
- 낭비 – 스트레스를 해소하기 위한 지출
- 투자 – 자원을 늘리기 위한 지출

간혹 이 3가지 상자 안에 해당되지 않는 지출이 있다고 생각할지도 모르지만, 사실 여기에 해당되지 않는 지출은 없다. 모든 지출은 이 3가지 상자 안에 반드시 해당된다.

의식주에 관한 지출은 아무래도 생활에 꼭 필요한 지출이지만, 소비라고 단정지어서는 안 된다.

같은 식비라도 스트레스를 해소하기 위해 인스턴트식품을 사는 것과 비즈니스로 꼭 필요한 사람과 식사를 하는 것은 전혀 의미가 다르기 때문이다. 전자는 낭비이지만 후자는 투자에 속한다.

돈을 어디에 쓰고 있는지가 아니라, 무엇을 위해 쓰고 있는지 그 시점으로 생각해야 한다.

그러면, 부자와 부자가 아닌 사람의 3가지 상자를 비교해 보자.

《지출의 3가지 상자》

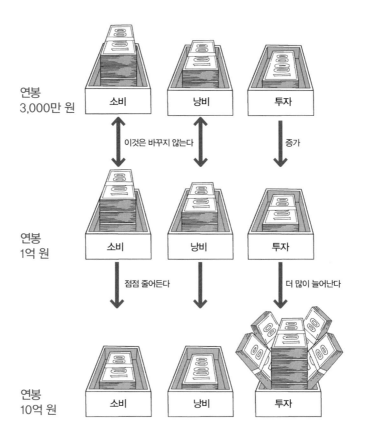

연봉
3,000만 원

소비   낭비   투자

이것은 바꾸지 않는다   증가

연봉
1억 원

소비   낭비   투자

점점 줄어든다   더 많이 늘어난다

연봉
10억 원

소비   낭비   투자

- 일반인의 3가지 상자

〈소비〉 ★

〈낭비〉 ★ ★ ★

〈투자〉 ★

- 부자의 3가지 상자

〈소비〉 ★ ★

〈낭비〉 ★

〈투자〉 ★ ★ ★ ★ ★ ★ ★

이 차이를 돈을 어느 상자에 넣을지에 따라서 미래가 크게 바뀐다는 의미로 보길 바란다. 물론, 위와 같은 균형으로 돈을 쓰면 되돌아오는 돈의 양은 크게 늘어날 것이다. 1년 후, 5년 후, 10년 후라는 시간을 거치면 되돌아오는 돈의 양에는 더욱더 큰 차이가 난다.

왜냐하면 소비와 낭비는 '돈이 줄어드는 방법'이고, 투자는 '돈이 늘어나는 방법'이기 때문이다. 이 투자는 주식 투자나 부동산 투자뿐만이 아니라 자기투자도 포함된다. 그리고 투자 중에서도 가장 중요한 투자가 '자기투자'이다.

만약 연봉이 3천만 원에서 1억 원으로 늘어났다고 해도 소비와 낭비는 늘리지 않고, 늘어난 연봉만큼 투자에 돈을 쓰는 것이 정답이다. 돈을 '투자' 상자에 넣으면 수익이라는 형태로 크게 되돌아오기 때문이다.

돈에 여유가 생겼을 때에 투자를 하는 것이 아니라, 평범한 월급을 받을 때부터 가능한 투자 상자에 돈을 넣어야 한다.

이를테면 영업기술을 높이기 위해 책을 사서 읽거나, 비즈니스 방법을 배우기 위해 강연을 듣거나, 나의 롤 모델과 식사하는 기회를 만드는 것이 투자이다.

그리고 주식을 시작하거나 조그만 부동산을 구입하는 것도 투자의 좋은 방법이다.

지금 우리나라에 살고 있는 사람이라면 누구나 1만 원 정도는 책에 투자할 수 있을 것이다. 나도 처음에는 1만 원 정도의 책을 몇 권 구입한 후 그 책을 읽으면서 영업기술을 익혔었다. 그리고 영업기술이 올라가자 월급도 올라갔다.

우리는 이미 어딘가에 돈을 쓰고 있다. 1만 원이든 10만 원이든 또는 100만 원이든 반드시 어딘가에 돈을 쓰고 있다. 그리고 그 돈을 '소비', '낭비', '투자' 중 어느 상자에 넣을지는 단순한 이야기에 지나지 않는다.

낭비와 소비의
경계선

돈을 주제로 다룬 책을 읽어보면 반드시 "소비와 낭비를 완전히 없애자."는 이야기가 나온다.

그러나 소비라는 것은 꼭 필요한 지출이다. 그렇기 때문에 소비를 완전히 없애는 것은 불가능하다. 하지만 가능하면 소비를 줄이는 편이 좋은 것은 틀림없는 사실이다. 소비를 줄이기 위해서는 현명하게 돈을 써야 한다.

이 말은 10원이라도 싸게 구입하기 위해 온 동네 슈퍼마켓을 뒤지거나, 가장 싸게 판매하는 곳을 찾기 위해 인터넷을 검색하라는 뜻이 아니다.

우선은 나에게 '꼭 필요한 것'을 제대로 알아야 한다. 그리고 돈을 쓰는 모든 상황에서 '정말 필요한 것인지' 생각하는 습관을 몸에 익혀야만 한다. 그 습관에 따라서 나의 목적에 맞는 지출인지 아닌지를 파악할 수 있기 때문이다.

흔히 "집값은 월급의 3분의 1이 적당하다."고 말하지만, 실제로 넓은 집이 우선이거나 역과의 거리가 우선인 등 원하는 물건의 조건 사항은 사람들마다 다르다.

이 법칙에 따르면 월급이 3백만 원인 사람은 한 달에 1백만 원을 집값으로 쓸 수가 있다. 그러나 밖에 있는 시간보다 집안에 있는 시간을 좋아하는 사람도 있을 것이다. 그러한 사람들은 월급의 3분의 1이 넘는 120만 원을 집값으로 지불해야 하더라도 나에게 필요한 물건이라고 판단되면 계약을 하는 것이 좋다.

중요한 것은 그 물건이 나에게 필요한지 필요하지 않은지이다. 사실은 80만 원의 물건으로도 만족하지만 월급이 오를 것을 예상해서 집값이 1백만 원인 집으로 이사를 하는 것은 유감스럽지만 '낭비'이다.

돈을 잘 쓰는 사람은 자신에게 필요한 것이 무언인지 잘 알고 있다. 게다가 그 돈이 나에게 무엇을 가져다주는지, 그리고 어떠한 효과를 얻을 수 있는지 생각하면서 돈을 쓴다. 그렇기 때문에 낭비가 없다.

부자들은 돈이 많기 때문에 비싼 물건을 사는 것이 결코 아니다. 중요한 것은 금액이 아니라 돈을 쓰는 목적이기 때문이다.

우리의 눈앞에는 항상 소비, 낭비, 투자라는 3가지 상자가 있다. 그리고 어느 상자에 돈을 넣을지에 따라서 우리의 미래가 바뀐다. 따라서 '이 돈을 어느 상자에 넣을지?' 항상 생각하는 습관을 길러야 한다.

그러면 지금까지 당연하게 써 왔던 돈이 실제로는 불필요한 낭비였다는 사실을 깨닫게 될지도 모른다.

퇴근하고 돌아오는 길에 반드시 편의점에 들러서 아이스크림을 사먹어야만 했던 사람도 있을 것이다. 그러나 이것이 정말 필요한 소비였을까? 아마 불필요한 경우가 많을 것이다. 이것이 '돈 못 쓰는 사람'의 특징이다.

돈을 무심하게 쓰는 사람들은 그것이 나에게 정말 필요한 지출인지 아닌지를 생각하지 않는다. 그것을 생각하지 않으면 언제까지나 '나에게 필요한 것'을 알지 못한다. 그렇기 때문에 낭비가 줄어들지 않고, 언제까지나 부자가 되지 못한다.

'소비'는 그 대부분이 일상적인 지출이지만, 모든 상황에서 '나에게 꼭 필요한 것은 무엇인지' 생각하는 것은 가능하다. 그것을 생각하지 않으면 돈 잘 쓰는 방법을 몸에 익힐 수가 없다.

확실히 말해 두지만, 아직 이 방법이 익숙하지 않은 시기에는 조금 거북하고 힘들게 느껴질 것이다. 그 기분은 충분히 이해한다. 그러나 만약 우리가 가까운 미래에 보다 많은 돈을 가지고 싶다면, 돈의 현실과 마주할 필요가 있다.

'낭비'의
덫에 빠진 사람

'낭비'란 스트레스를 해소하기 위한 지출이다. 기분이 우울해서 비싼 음식을 사먹거나 충동구매를 하는 등 돈을 아무렇게나 쓰는 것은 주위에서 흔히 볼 수 있는 낭비 패턴이다. 그러나 그것만이 낭비는 아니다.

생각하는 게 귀찮아서 남이 말한 대로 돈을 내거나, 거절을 하지 못해서 가고 싶지도 않은 술자리에 참석하는 등 이러한 경험은 누구나 있다. 이것은 스트레스를 피하기 위해 필요하지도 않은 돈을 써 버리는 상황이다.

그렇기 때문에 낭비를 없애는 가장 큰 포인트는 가능한 스트레스를 줄이는 일이다.

처음에는 스트레스를 받지 않고 생활하는 것이 매우 어려울지도 모른다. 그렇기 때문에 우선은 돈을 써서 스트레스를 해소하고 있다는 사실을 깨닫는 것이 중요하다. 그리고 돈이 아닌 다른 방법으로 스트레스를 해소해야 한다.

이를테면 가벼운 조깅을 하는 것도 좋고, 친구와 대화를 나누거나 음악을 듣는 것도 좋은 방법 중의 하나이다. 어쨌든 처음에는 돈을 쓰지 않고 스트레스를 해소하는 방법을 생각해 낸 후에, 그 방법을 실행하는 것이 좋다.

또한, 충동구매를 피하는 방법도 있다. 그것은 그 물건이 정말 필요한 물건인지 아닌지 확인하기 위해 일단 집으로 돌아가는 방법이다. 집에 돌아와서도 그 물건이 꼭 필요하다고 생각된다면 그때 가서 구입하는 것이 낭비를 줄이기 위한 노력이다.

이를테면 점원의 칭찬에 넘어가서 필요 이상으로 옷을 많이 구매하는 사람도 있다. 그러나 내가 정말 원하는 것이 무엇인지를 알면 돈을 헛되이 쓰지는 않는다.

판매원의 칭찬을 듣고 싶어서 옷을 많이 사는 것이 아니라, 나에게 어떤 옷이 잘 어울리는지 판매원의 의사를 존중하면서 조언을 받아들이면 된다.

정말로 가지고 싶은 것을 포기하고 참는 것과는 다르다. 목표는 무조건 돈을 쓰지 않는 것이 아니라 좋은 물건을 기분 좋게 구입하는 것이다. 그렇기 때문에 이 방법은 목표를 달성하기 위한 최적의 방법이라고 말할 수 있다.

다시 말하겠지만, '내가 정말 원하는 것을 아는' 간단한 마음가짐은 돈을 잘 쓰기 위해서 꼭 필요한 요소이다.

게다가 아무래도 옷을 많이 가지고 싶다면, 옷을 많이 구입하면 그만이다. 억지로 참아서 병이 나는 것보다 옷을 구입해서 스트레스가 해소된다면 그렇게 하는 편이 좋다. 중요한 것은 그것이 '낭비'라고 깨닫는 것이다.

그런 의미에서 '낭비'는 결코 적으로 대해야만 하는 지출이 아니다.

지출을 3가지 상자로 나누었을 때 '소비'라고 생각했던 것이 실제로는 '낭비'였다는 사실을 깨닫고, 소비 상자에 넣었던 돈을 낭비 상자로 옮기는 사람도 많이 있다. 그러나 소비 상자에 넣었던 돈을 구태여 낭비 상자로 옮기면서 나에게 실망할 필요는 없다.

하지만 낭비하기 위해 돈을 빌리거나 신용카드를 무분별하게 쓰지는 말아야 한다. 이것은 어떠한 수익도 없을 뿐만 아니라 부채만 늘어나는 행위이기 때문이다.

부채라는 것은 다른 사람에게 돈을 빌리는 행위이지만, 그 본질은 미래의 나에게서 돈을 가불받는 행위이다. 미래의 내가 쓸 돈이 줄어들고 있다는 사실을 깨달으면 부채의 의미가 바뀔 것이다.

낭비란 스트레스 해소이고, 본래는 줄여야만 하는 돈이라는 사실을 반드시 알아두길 바란다.

낭비를 없애는
투자가의 마인드

'소비'는 그 특성상 완전히 없앨 수는 없지만, '낭비'는 완전히
없앨 수 있다. 실제로 많은 부자들은 거의 '낭비'를 하지 않는다.

그러나 그들이 생각하는 낭비와 세상이 말하는 낭비는 조금
다른 경우가 많다.

이를테면 어느 사람이 페라리 자동차를 타고 다니거나 초호화
주택에 살고 있다면 '부자만이 할 수 있는 낭비'라고 생각할지도
모른다. 고급 레스토랑에서 식사하는 행동을 낭비라고 생각하는
사람도 있다.

그러나 단순히 페라리 자동차가 낭비로 이어지지는 않는다. 페라리 자동차를 구입했지만, 그 목적이 자랑이 아니라 투자에 있다면 결코 낭비가 아니다.

투자에는 수익이 필요하다. 그러한 의미로 생각하면, 내가 단순히 페라리 자동차를 타면서 즐기는 것이 아니라, 투자로서 자동차를 구입한 금액에 대한 투자 수익을 구체적으로 생각하면 된다.

이를테면 우리나라에 몇 대 없는 자동차를 구입했다면 언젠가 내가 구입한 가격보다 높은 가격에 그 자동차를 팔 수 있을지도 모른다. 페라리 자동차 임원들만이 모이는 만남에 소속되어 그 안에서 인간관계를 쌓아가고, 그 관계를 비즈니스로 활용하는 방법도 생각할 수가 있다.

이렇듯 비용 대 효과를 잘 생각해 보면 된다. 그리고 페라리 자동차의 어느 정도가 투자이고, 어느 정도가 소비이고, 어느 정도가 낭비인지를 스스로 파악하면 된다.

책을 읽고 공부하는 것과 강연에 참가하는 것이 자기투자로 이어지는 경우도 있지만, 자기투자로 이어지지 않는 경우도 있다. 이것과 마찬가지이다. 페라리 자동차를 단순히 낭비라고 말할 수는 없고, 낭비가 아니라고 말할 수도 없다. 전부를 투자로 하는 것도, 전부를 낭비로 하는 것도 가능하다. 그 가치를 바꾼 후 되돌아오는 자원을 낳는다면 페라리 자동차도 투자가 될 수 있다.

다만, 페라리 자동차의 구입 목적이 과시와 스트레스 해소에 있다면 그것은 돈을 낭비 상자에 집어넣는 것과 같다. 그러한 의미에서 무언가의 행위가 투자가 될지 낭비가 될지는 우리의 책임이라고 말할 수 있다.

이를테면 우리가 가 보고 싶은 고급 레스토랑이 있다고 하자. 그 레스토랑에 가는 목적이 내가 즐기기 위해서라면 그것은 낭비가 된다. 그러나 거래처 사람을 만나서 식사를 대접하는 것이 목적이라면 투자가 된다. 침울해하고 있는 후배를 데리고 가 기분 전환을 시켜주는 목적도 투자가 되고, 또는 친구에게 음식을 사주면서 무언가 상담을 할 때에도 투자가 된다.

즉, '페라리 자동차는 낭비이다.', '고급 레스토랑은 낭비이다.' 이러한 판단 기준은 없다. 그 지출에 '낭비'라는 이름표를 붙일지 '투자'라는 이름표를 붙일지 그 차이에 불과하다.

중요한 것은 돈을 투자로 만들려는 마음가짐과, 내가 즐기는 것에서 끝나지 않고 다른 사람에게도 기쁨을 줄 수 있도록 가치를 부여하는 마음가짐이다.

사실은 이 마음가짐은 '투자가의 마인드'라고 부를 수 있다. 또한, 이 마음가짐은 돈을 늘리는 데에 없어서는 안 되는 중요한 요소이다. 이러한 마음가짐을 기르는 것이 부자가 되는 지름길이다.

"고급 레스토랑에 갔더니 공부가 되었다. 이것도 결과적으로 투자이니까 낭비가 아니다."

이런 것이 아니다. 물론 낭비라고 생각하면서 구입한 값비싼 물건이 의외로 일에 도움이 되어서 투자로 이어진 경우도 있을 수 있다.

그러나 '돈 잘 쓰는 방법'이라는 의미로 보면, 중요한 것은 돈을 사용하는 순간이다. 즉, 돈은 무언가를 얻기 위해 쓰는 것이 중요하다. 이 지출을 언제까지 얼마나 회수하고 싶은지 생각하고, 절대로 낭비로 끝내지 않겠다고 결심하면 낭비는 꽤 많이 줄어든다.

우리는 왜
부자가 되지 못하는가

지금까지 소비와 낭비를 줄이고 투자를 늘리자는 이야기를 했다. 그러나 한 가지 말하지 않은 중요한 사실이 있다.

절약을 표어로, 저금을 하면 안정되고 행복한 생활을 즐길 수 있다고 말한다. 저금한 금액이 늘어나면 늘어날수록 생활이 안정된 생활을 유지할 수 있다는 생각을 모르는 것도 아니다. 그러나 아무 생각 없이 절약만 하면 우리의 생활은 더욱더 불행해질 것이다.

많은 사람들이 저금에 힘쓰면서 동시에 월급이 인상되면 좋겠다고 생각한다. 수입이 올라가고 지출이 줄어들면 모이는 금액이 늘어나서 물론 좋을 것이다. 확실히 수입이 적으면 이 방법에 찬성할 것이다.

그러나 어느 정도 풍족한 생활을 누린다면 역시 지출을 더 많이 의식해야만 한다. 이것은 사회에 공헌하기 위해 기부하라는 의미가 아니다.

우리가 쓴 돈이 누군가에게는 투자 수익이 된다는 사실을 기억하라는 의미이다.

앞에서도 말했듯이 우리가 월급을 받을 수 있는 이유는 누군가가 돈을 썼기 때문이다. 그리고 우리가 돈을 쓴 덕분에 누군가는 생활을 할 수 있다. 즉, 우리가 쓴 돈이 친구나 지인의 생활에 도움을 주는 경우도 많이 있다는 뜻이다.

이전에는 작은 상점들이 많았기 때문에 이 사실이 보다 쉽게 피부에 와 닿았을 것이다. 가족이 운영하는 작은 과자가게에서 과자를 사 먹으면, 그들은 그 돈을 가지고 다른 가게에 가서 무언가를 구입했었다. 이렇게 돈이 돌고 돌아 또다시 나에게 되돌아온다는 사실을 이전에는 쉽게 알았다.

그렇기 때문에 돈을 쓰는 사람이 없으면 우리의 생활이 어려워진다는 사실도 알기 쉬웠다.

물론, 상점도 고객이 원하는 물건을 제공할 필요가 있고, 영업에도 노력을 기울여야만 한다. 그러나 절약을 위해서 돈을 쓰지 않겠다고 생각하는 것은 커다란 착각이다.

왜냐하면 우리의 생활이 가능한 이유는 누군가가 돈을 쓴 결과이기 때문이다. 그래서 돈을 쓰지 않는 사람이 늘어날수록 우리의 월급은 줄어들게 마련이다.

최근에는 가격경쟁이 심해지고 있고, 값싼 버스여행으로 심각한 사고도 일어나고 있다. 싼 가격만을 추구하면 우리는 결국 위험에 빠진다. 소비자가 값싼 상품만 추구하면 버스회사는 숙련된 운전기사를 고용하지 못하고, 돈벌이가 되지 않아 운전기사에게 장시간 노동을 강요해야만 한다. 그 결과 우리를 포함한 많은 사람들은 안전을 보장받지 못한다.

돈은 흐르는 것이다. 이 사실을 의식하면서 돈과 마주하길 바란다. 그리고 '조금이라도 싼 것'이 아니라 '투자가의 마인드를 가지고 가치 있는 상품과 마음에 드는 회사에 돈을 지불해야 한다.'는 사실도 기억해 두길 바란다.

《돈은 흐른다》

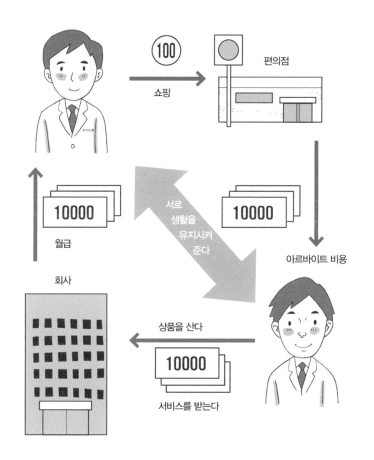

우리에게는 그 돈이 소비일지는 모르지만, 누군가에게는 투자 수익이 되어 많은 사람들의 생활을 유지시켜 주기 때문이다.

앞에서 소개한, 역사에 이름을 남긴 실업가 시부사와 에이이치는 절약檢約에 대해서 이렇게 말했다.

"검약만 강조하면 사람들은 돈을 쓰지 않게 된다. 생활비가 소액으로도 충분해지면, 사람은 아주 작은 수입에 만족하고 의욕을 잃게 된다. 그 결과 국가 또한 가난에 만족하고 발전을 하지 못하게 된다. 중요한 것은 분수를 뛰어넘는 사치를 하지 않는 것이다. 수입이 많으면 다소 화려하게 보일지는 몰라도, 그 생활을 반드시 사치라고는 말할 수 없다. 자신의 수준을 생각하고 그에 맞는 생활비를 쓰는 것은, 나쁜 일이 아니라 오히려 당연한 일이라고 나는 생각한다."

즉, 나에게 어울리는 소비는 세상을 발전시킨다는 의미이다.

저자

{ 시바타 스토리 }
Shibata's story

2

나는 이렇게 '소비'를 줄인다

나는 현재 가족과 함께 남쪽 섬에 위치한 도시형 리조트에서 1년의 대부분을 보내고 있다. 도쿄에도 집과 사무실이 있고, 매월 상경해 그곳에서 많은 회의를 진행하지만, 기본적으로는 남쪽 섬에 있는 주거 겸 사무실에서 일을 하고 있다.

그 주거 겸 사무실에는 매일같이 회사 직원들과 관계업자 수십 명이 찾아오고 있다. 새로운 프로젝트를 계획할 때에는 우리 집에 모두 모여 숙박하기 때문에 며칠 동안 계속해서 회의를 진행한 적도 있다.

다케마츠 유우키도 지금은 같은 섬에 자신의 집을 마련했지만, 이전에는 시내에 집이 있어서 우리 집에서 함께 생활한 시기도 있었다. 그와는 그 정도로 일로도 개인적으로도 친밀한 사이이다.

내가 지금 무엇을 말하고 싶은가 하면, 나에게는 의식주 중 '주(住)'에 해당하는 소비가 없다는 점이다. 이것은 세무적인 경비를 말하는 것이 아니라, 나에게 있어서 3가지 상자에 속하는 주거는 '소비'가 아니라 '투자'라고 말할 수 있다. 집과는 별도로 사무실을 가지고 있어도 좋지만, 나는 아무래도 집이 편하고 즐겁고 효율적이다. 그래서 항상 많은 사람들이 모이기 쉬운 집을 꿈꿔왔었다.

'식(食)'에 관해서도, 나는 혼자 식사하는 일이 없기 때문에 이 소비도 거의 없다고 말할 수 있다. 누군가를 초대하는 편이 나도 즐겁고, 상대방과 즐겁게 식사를 하면서 조금이라도 일에 발전이 생기면 투자가 되기 때문이다. 항상 그러한 마음을 가지고 있다.

'의(衣)'에 대해서는 비즈니스와 관련되지 않는 경우도 있지만, 가능하면 투자 목적으로 양복을 구입한다. 물론 옷을 사는 경비 자체가 투자가 될 수는 없지만, 나 자신이 아닌 누군가를 위해 옷을 구입하고 입는다는 뜻이다.

자녀들의 교육비는, 물론 내가 되돌려 받을 가능성은 매우 낮지만, 이것도 완전한 투자이다.

내가 좋아하는 골프도 주변 사람들과 가치 있는 시간을 보낸다는 의미에서 보면, 그것도 낭비가 아니라 투자가 된다.

"내가 레슨을 받고 있는 투어프로와 함께 라운딩을 하지 않겠습니까?"

라고 유력 기업 사장들에게 권하면 그들과 거리를 좁혀서 이야기할 수가 있고, 나 자신도 즐겁게 시간을 보낼 수가 있다. 같이 골프를 치는 사장에게도 분명히 가치 있는 시간이 될 것이다.

"소비도 완전히 없앨 수 있다."

이 말을 지금 당장 이해할 수 없는 없다. 그러나 스트레스를 발산하기 위해 쓰는 낭비를 투자와 자기투자로 바꾸는 일은 지금 당장이라도 시작할 수 있다. 꼭 돈에 대한 생각의 틀을 바꾸기 바란다.

PART 4

내가 쓴 돈이
되돌아오는 이유가 뭘까

지금부터는 '돈이 늘어나는 방법'인 '투자'에 대해서 이야기해 보겠다.

투자란 사전적인 의미로 '미래에 얻어지는 수익을 목표로 현재의 자금을 지출하는 것'이다.

알기 쉬운 예로 '투자'에는 주식 투자와 부동산 투자, 외환 투자와 채권 투자 등이 있다. 또한, 아직 주식이 상장되지 않은 기업에게 투자하는 방법도 있다.

세상에는 이미 주식 투자와 부동산 투자에 관한 도서가 많이 나와 있어서 이러한 투자를 시작해 보고 싶은 사람도 많다. 그러나 내가 이 책에서 말하는 '투자'란 단순히 주식처럼 유가증권을 구입하는 것도, 부동산을 구입하는 것도 아니다.

본래 투자의 개념이란 '돈을 통해서 세상에 가치를 낳고, 그 가치로 수익을 얻는 것'이다.

이해하기 어려울 수도 있기 때문에 차례대로 이야기해 보겠다.

일반적으로 투자라고 하면, 주식과 부동산에 돈을 지불한 후에 가격이 오르면 되팔아서 이익을 얻는 이미지가 떠오를 것이다. 이것은 투자활동 중의 일부로는 올바른 생각이다.

그러나 여기서 말하고 싶은 것은 왜 투자한 돈이 늘어나서 나에게 되돌아오는지? 이다. 그 이유는 '세상을 기쁘게 해 준 대가로 돈이 되돌아오는 것이다.'고 말할 수 있다.

알기 쉽게 부동산 투자로 생각해 보자.

우리가 집을 구입한 후 누군가에게 임대해 준다고 가정해 보자. 그때에 왜 우리에게 수익이 생길까? 그것은 집을 당장 살 수 없는 사람들에게, 그들이 지불할 수 있는 가격으로 집을 빌려주기 때문이다.

한 조사^{2016년도}에 따르면, 30대의 자가 보유율은 10퍼센트 대

《투자 수익의 방식》

투자가

위험

보답으로 수익을 얻는다

완성   임대료를 낸다

10000   10000   10000   10000
10000   10000   10000

많은 사람들이 안전하게
살 장소를 가진다

라고 한다. 즉, 90퍼센트 대의 사람들은 자기 집 없이 누군가에게 빌려 쓰고 있다는 뜻이다.

그리고 이 사람들이 집을 빌리기 위해서는, 그 반대 입장인 집을 빌려주는 사람이 필요하다.

도심을 예로 들어 생각해 보자. 도심은 지방에서 올라온 사람들이 매우 많은 지역이다. 게다가 면적은 좁지만 인기가 많아서 집을 구입하려고 해도 가격이 비싸 좀처럼 구입할 수가 없다. 그렇기 때문에 집을 빌리는 것이다.

만약 부동산에 투자하는 사람이 없다면 많은 사람들은 집을 잃고, 일도 할 수 없어서 가족을 돌보지 못하는 현상이 나타날 것이다. 이 얼마나 끔찍한 일인가. 그렇기 때문에 부동산을 구입한 후에 그것을 빌려주는 사람이 있어야 한다.

즉, 부동산 투자가란 돈이라는 자원을 사용해서 집을 세우거나 구입한 후에 누군가에게 빌려줌으로써 사회에 기쁨을 주는 존재이다.

그러나 부동산 투자가 항상 확실한 이익을 낳는 것만은 아니다. 공실이 생길 우려도 있고, 임대수익 이상으로 관리비가 많이 들지도 모른다. 게다가 천재지변으로 그 집이 무너져 버릴 우려도 있다.

투자란 그러한 위험 요소가 있기 때문에 투자가는 그 보답으로 수익을 얻는 것이다. 이렇듯 투자라는 것은 본래 누군가를 기쁘게 해 주기 위해 위험을 감수하고 돈을 쓴 결과 수익을 얻는다.

버리는 사람,
받는 사람

투자란 누군가를 기쁘게 해 주기 위해 위험을 감수하고 돈을 쓴 결과 수익을 얻는 것이라고 말했지만, 반대로 아무도 기뻐하지 않으면 수익을 얻을 수 없다. 부동산 물건을 아무리 많이 구입해도 인기가 없는 지역이라면 아무도 그곳에 살고 싶어하지 않는다. 그것은 '가치를 낳을 수 없는 일'이기 때문에 아무도 돈을 지불해 주지 않는다는 뜻과 같다.

나는 부동산에 투자를 하는 부동산 투자가이다. 그러나 한편으로 누군가가 투자한 물건에 살고 있는 임대인이다.

그리고 당장이라도 내가 살고 싶은 지역에 살 수 있는 이유는 위험을 감수하고 집을 만들어 준 누군가가 있기 때문이다. 그렇기 때문에 나는 위험성을 줄여준 대가로 임대료를 지불하고 있는 거고, 그 대가로 투자가가 수익을 얻는 것은 당연하다고 생각한다.

이것이 투자라는 개념이다. 앞에서 말한 대로 사전에는 투자를 '미래에 얻어지는 수익을 목표로 현재의 자금을 지출하는 것'이라고 정의한다. 그러나 어째서 수익을 얻을 수 있는지 투자의 본질을 이해하는 사람은 매우 드물다. 그 이유를 머니게임을 하고 있기 때문으로 착각하고 있는 사람들도 많이 있고, 나와는 상관없다고 생각하는 사람들도 많다.

그러나 투자는 우리 주변에서 자연스럽게 이어진다. 만약 우리가 아파트에 임대로 살고 있다면, 그것은 누군가가 위험을 감수하고 건물을 만들어 주었기 때문이다. 많은 비용을 치르고 구입하지 않아도 그곳에 살 수 있는 이유는 누군가가 그 집을 보다 저렴하게 빌려주었기 때문이다.

이렇듯 우리도 부동산 투자의 일부에 참가하고 있다.

그리고 이왕 참가할 거라면 집을 제공해 주는 사람이 되자는 생각이 부동산 투자가를 만든다. 이러한 장소에 이러한 집을 만

들면 사람들이 좋아할 거라고 생각하기 시작하면 지금까지와는 다른 세계가 보일 것이다.

도심의 인기 지역에는 거주하고 싶어 하는 사람들이 많으니까 그곳에 집을 구입하면 임대인을 쉽게 구할 수 있다. 이 지역은 회사가 많아서 직장인도 많고, 가족단위도 많으니까 이러한 집을 지어서 빌려 주면 사람들이 기뻐할 것이다. 부동산 투자를 염두에 두면 이러한 생각이 샘솟을 것이다. 이것이 투자라는 것을 이해해 가는 전제이다.

주식 투자에 대해서 말하면, 그 본질은 성장하는 기업에게 돈을 빌려주는 것이다. 성장이란 판매가 늘어나는 것을 말한다. 그리고 판매란 고객이 돈을 얼마나 지불하는가이다. 즉, 판매가 늘어나는 회사는 상품과 서비스를 고객에게 기쁘게 제공하면서 세상을 풍요롭게 만드는 기업이다.

현대는 빠르게 돌아가고 있기 때문에 사람의 취향에 따라 고객의 취향도 바뀐다. 그러나 고객을 보다 기쁘게 해 주는 기업이 보다 많이 성장한다는 원칙은 현대에 있어서도 바뀌지 않는 사실이다.

그러한 기업은 보다 많은 고객에게 상품을 전달하기 위해 직원을 고용하고, 직원들에게 쾌적한 근무환경을 제공하기 위해 사무실 임대료를 많이 지불한다. 그렇기 때문에 우리가 투자가가 되어서 회사에 돈을 지불하는 행동은 세상을 기쁘게 만들어 주는 행동과 같다. 이것이 주식 투자이다.

보다 많은 고객이 기쁘게 상품을 쓸 수 있도록 상품을 제공하면 기업의 판매는 늘어나고, 그 가치로 우리는 투자 수익을 얻는다. 이것이 주식 투자의 원리이다.

부동산 투자에서도, 주식 투자에서도 기본 생각은 같다. 내가 가진 자원 중의 하나인 돈을 가치 있는 것으로 바꾸어 사람들에게 기쁨을 제공하고, 위험성을 줄인 대가로 수익을 얻는 것이다. 이것이 투자이다.

같은 금액이라면 낭비보다, 많은 사람에게 기쁨을 주고 나의 자원도 늘릴 수 있는 투자에 돈을 쓰면 어떨까. 사실은 오랜 시간에 걸쳐서 돈을 버는 사람들은 오랜 시간에 걸쳐서 누군가에게 기쁨을 주려고 노력하는 사람들이다.

세상에서 가장 확실한
수익을 얻는 방법

지금까지 투자를 이야기했지만 "나는 지금 당장 투자할 돈이 없다."고 생각하는 사람도 있다. 그리고 나도 이전에는 그렇게 생각했었다. 그러나 그때부터 지금까지 계속해 오는, 세상에서 가장 확실한 투자 방법이 있다.

그 방법을 지금 여기에서 소개하겠다.

세상에서 가장 확실한 투자 방법이란 '나에게 돈을 써서 가치를 낳은 후, 수익을 얻는 투자'이다. 즉, '자기투자'를 말한다. 이것을 사전에 나온 투자의 정의에 적용시키면 미래에 얻어지는 수익을 목표로 현재의 자금을 나의 능력 향상에 지출하는 것이다.

앞에서 '나'도 귀중한 자원이라고 말했다. 그러면 여기에서 사람이라는 자원에 대해서 조금 더 분석해 보자. 사람 자원은 '시간'과 '능력'으로 나눌 수 있다.

우리가 회사원이라면 기본적으로 월급은 우리가 일한 시간에 따라서 바뀐다. 8시간 일한 사람보다 10시간 일한 사람이 월급을 많이 받는다. 그러나 한편으로 5시간만 일했는데도 10시간 일한 만큼의 월급을 받거나, 같은 8시간이라도 다른 사람에 비해 몇 배나 많은 월급을 받는 사람도 있다. 이것이 능력 차이이다. 당연한 이야기이지만, 월급은 시간만이 아니라 능력에 따라서도 달라진다.

월급을 올리고 싶다면 일을 많이 하거나 능력을 올리거나 이두 가지 방법밖에는 없다. 그러나 시간에는 한계가 있다. 그러므로 능력을 높이는 것을 생각해야만 한다. 그리고 능력을 높이기 위해서는 자기투자를 해야 한다.

이를테면 우리가 영업사원이라고 가정해 보자. 처음에는 당연히 계약을 많이 할 수가 없다. 어떻게 해야 계약을 하는지 모르기 때문이다. 그때에 영업에 관련된 책을 읽었다고 하자. 그리고 그 책에서 얻은 지식을 실천하면 당장 결과가 나올지도 모른다. 1만 원으로 책을 사서 읽은 후에 그 내용을 실천했더니 영업실적이 올라가 월급이 50만 원이나 늘어났다는 이야기도 있다.

이것은 1만 원을 투자해서 50만 원의 수익을 얻은 상황이다. 즉, 50배의 효과가 있고, 500퍼센트의 수익이 생겼다는 의미이다. 그것도 한 달에 500퍼센트이다.

보통 투자의 세계에서는 주식 투자라면 연간 평균 수익은 7퍼센트 정도이고, 부동산 투자에서도 연간 10퍼센트의 이율이 나오면 성공이라고 말한다. 이렇듯 월간 500퍼센트 수익이 얼마나 대단한 일인지 알 수 있다. 게다가 한 번 몸에 익힌 능력은 다음 달에도 그 다음 달에도 비슷한 수익을 낳는다. 이렇듯 주식 투자나 부동산 투자와는 비교할 수 없을 정도로 커다란 수익을 얻은 투자 방법이 자기투자이다.

물론 자기투자의 종류에는 책만 있는 것이 아니다. 미래를 위한 경험도 자기투자가 된다. 이를테면 가까운 미래에 고급 레스토랑을 운영하는 게 꿈이라고 가정해 보자.

인기 있는 고급 레스토랑에서 식사를 하는 행동은 손님을 관찰하거나, 요리의 메뉴를 배우거나, 가게 홍보 방법을 배우는 등 매우 이득이 되는 활동으로 이어진다.

보통의 경우 그저 맛있는 음식을 먹고 싶다는 생각에 그칠지도 모른다. 그러나 나의 꿈을 현실에서 활용하면, 고급 레스토랑에서 즐기는 식사 시간은 '자기투자'로 이어진다.

투자의 개념으로 가장 중요한 것은 금전적으로 수익을 얻을 수 있을지, 얻을 수 없을지이다.

'이것도 공부니까'라는 생각으로 고급 레스토랑에 가더라도 그저 즐기기만 하면 '낭비'에 지나지 않는다. 적어도 돈을 쓰는 단계에서 '이 경험을 이렇게 활용하자.'는 마음가짐을 가지고 실행으로 옮겨야 한다.

영어 공부도 마찬가지이다. 아무리 노력하며 공부를 해도 그것을 활용하지 못하고, 수익을 얻지 못하면 유감스럽지만 '자기투자'라고 말할 수 없다. 아무리 많은 책을 읽어도 거기서 얻은 지식을 활용해 가치를 낳지 못하고, 금전적인 결과를 얻지 못하면 '투자'라고 말할 수가 없다.

'돈이 늘어나는 방법'이란 이러한 투자이다. 나에게 투자를 한다, 사람에게 투자를 한다, 부동산에 투자를 한다, 기업^{주식}에 투자를 한다. 이러한 활동을 통해서 세상에 가치를 제공해 가는 것이다. 가치를 기쁘게 받아 주는 사람이 있는 덕분에 수익을 얻을 수 있다. 그리고 이것이 '돈 잘 쓰는 방법'이다.

실수투성이의
자기투자

앞에서 '자기투자'라는 말을 사용했다. 그러나 세상에는 '자기투자'를 하지만 전혀 '자기투자'로 이어가지 못하는 사람도 많이 있다.

이를테면 자기투자란 자격증을 취득하는 것이라고 생각하는 사람이 있다. 또한, 공부를 하거나 강연을 듣는 것이 자기투자라고 말하는 사람도 있다.

물론, 공부하는 것 자체를 부정하지는 않는다. 그리고 강연을 듣는 것도, 자격증을 취득하는 것도 자기투자의 좋은 방법이다.

그러나 여기에서 '어째서 투자로 인해 수익을 얻을 수 있는지' 그 이유를 한 번 더 생각해 볼 필요가 있다.

투자로 인해 수익을 얻는 이유는 내가 지불한 돈이 세상에 가치를 낳고, 위험성을 줄여주었기 때문이다. 즉, 단순히 돈을 지불하는 것만으로는 수익을 얻을 수가 없다. 세상에 가치를 낳아야만 수익을 얻을 수 있다. 이 원칙을 꼭 기억해 두길 바란다.

이야기는 간단하다. 우리가 어떠한 공부를 하고 있다고 가정해 보자. 그 공부가 누군가에게 기쁨이 되어 준다면 수익이 생길 가능성은 높아진다.

이야기를 단순하게 하기 위해 월급을 예로 들어 설명해 보겠다. 우리가 회사에서 일하는 행동은, 나라는 자원을 투자해서 수익을 얻는 행위이다.

즉, 나의 '시간'과 '능력'에 대해서 보수를 받는 것이다.

영업사원을 예로 생각해 보면, 그들은 어느 때 월급이 오를까? 물론 계약을 많이 해 냈을 때 월급이 오를 것이다. 영업 공부라는 자기투자를 하면 고객에게 상품 매력을 더 잘 전달할 수 있고, 그로 인해 계약을 많이 할 수 있다. 그리고 한 번 고객이 된 사람에게서 다른 고객을 소개받는 능력을 익히면, 당연히 계약

건수는 올라간다.

즉, 나의 '능력'이 올라가면 고객과 회사에게 주는 가치도 올라간다는 의미이다.

계약 건수가 올라갈수록 고객과 회사에 좋은 가치를 제공하는 것이 되고, 회사 판매가 늘어나면 이익도 늘어난다. 그렇게 늘어난 이익은 우리의 월급이 되고, 늘어난 이익만큼 많은 월급을 받게 된다.

즉, 영업 공부라는 자기투자는 돈을 써서 능력을 얻은 후에 세상에 가치를 제공한다는 투자의 정의를 따른 행동이다. 그래서 수익이 생긴 것이다.

그러나 대부분의 사람들이 하는 자기투자는 돈을 지불하는 데에서만 끝나는 경우가 많이 있다. 이를테면 자기계발을 위해 책을 구입했지만, 그 내용을 몸소 실천하지 않는 것이 그러하다. 또한, 강연을 통해 지금 당장 실천할 수 있는 방법을 배웠지만, 실행으로 옮기지 않는 것도 마찬가지이다. 이것은 가치를 낳는 행동이 아니기 때문에 당연히 수익을 얻을 수가 없다.

돈을 쓰면서 공부하는 것이 자기투자라고 착각을 하면, 공부하는 것만으로 끝이 나 버린다. 그것은 자기투자가 아니라 단순히 취미나 오락일 뿐이다.

또한, 자기투자라며 자격증만 모으는 사람도 많이 있다. 그러나 그 자격증이 누군가에게 기쁨을 주는 가치가 되지 않는 한 금전적인 수익은 바라기 힘들다.

자기투자란 나의 능력을 키우기 위해 돈을 쓴 후에, 가치를 낳는 활동을 하면서 수익을 얻는 것이다.

이 사실을 반드시 이해하길 바란다.

톱 아이돌이
부자가 되는 방정식

지금까지 투자를 이야기했지만, 여기에서는 수익을 이야기해
보겠다. 투자란 돈을 쓰는 행동으로 세상에 가치를 낳고, 그 보답
으로 수익을 얻는 것이다.

그러나 이미 알고 있듯이, 투자를 해도 생각처럼 수익을 얻지
못하는 경우도 종종 있다.

이것은 주식 투자나 부동산 투자, 자기투자에 있어서도 마찬
가지이다. 자기투자로 말하면, 5백만 원을 들여서 필사적으로 영
어공부에 매달렸지만 월급은 그대로인 경우이다.

부동산 투자를 예로 들면, 가격이 오를 것을 예상하고 부동산을 구입했지만 가격이 떨어진 경우를 말한다. 이 장에서는 이러한 원인을 설명하겠다.

투자한 돈이 보다 많은 수익을 낳기 위해서는 무엇이 필요할까? 당연한 말처럼 들리겠지만, 구입할 때의 가격보다 팔 때의 가격이 올라야 보다 많은 수익을 얻을 수 있다. 자기투자라면 몸에 익힌 능력에 비해서 월급이 많이 오르는 것을 말한다. 왜냐하면 아무리 능력을 높여도 월급에는 전혀 영향이 없는 경우도 많이 있기 때문이다.

여기에서는 '가격'을 이해하는 것이 포인트이다. 가격이란 '가치'에 '등급'을 매긴 것이다. 이를테면 물통에 500밀리리터의 물이 들어간다고 하자. 보통 편의점에서 1천 원을 주고 이 물을 살 수 있다면, 이 물의 가치 등급으로 1천 원이라는 가격이 붙는다.

그러나 이 물이 편의점이 아니라 사막 한 가운데에 있다고 해보자. 그곳에서 물을 마실 수 있는 곳까지 가려면 꼬박 하루를 걸어도 도착하지 못하는데 지금 가진 물은 전혀 없다. 이러한 상황이라면 물을 원하는 사람이 늘어날 테고, 그러면 당연히 1천 원을 하면 이 물의 가격은 올라간다.

같은 물이라도 상황에 따라서 가치가 변하고, 그것에 따라서 가격이 변한다.

이것이 가치와 가격의 관계성이다.

그러면 이 '가치'를 조금 더 생각해 보자. 이를테면 도심 한 가운데 있는 아파트와 지방 시골에 있는 아파트는 같은 크기라도 가격이 완전히 다르다. 그 이유는 무엇일까. 이 차이를 알면 자기 투자에서도, 다른 투자에서도 확실한 수익을 얻을 확률이 높아진다.

대답은 가치란 '수요'와 '공급'의 균형에 따라서 변동하기 때문이다. 쉽게 말하면 수요란 '사람이 원하는 양'이고, 공급이란 '사람이 제공하는 양'이다.

그럼, 아이돌의 콘서트 티켓으로 생각해 보자.

아이돌 그룹 A는 인기가 많아서 1백만 명 이상의 사람들이 그들의 콘서트를 보길 원한다. 그러나 제공된 콘서트 티켓이 1천 장밖에 되지 않는다면 어떻게 될까.

당연히 1백만 명의 사람들이 1천 장밖에 되지 않는 티켓에 몰

려들 것이다. 그러면 정가보다 비싸게 주고서라도 티켓을 구입하려는 사람이 늘어나게 된다.

처음에는 10만 원하던 티켓이 30만 원이 되고, 50만 원이 되고, 100만 원이 되는 일이 일어나는 것이다.

왜냐하면 '수요1백만 명가 공급1천 장보다 많기' 때문이다.

한편, 그다지 인기가 많지 않은 아이돌 그룹의 콘서트 티켓은 가격은 내려가게 된다. B 아이돌 그룹의 콘서트에 가고 싶은 사람은 5백 명이지만, A 아이돌 그룹과 마찬가지로 10만 원의 티켓이 1천 장 판매된다고 해 보자.

그러면 어떻게 될까. 콘서트 티켓 5백 장은 팔 수 있을지도 모르지만, 나머지 5백 장은 남는다. 그러나 티켓을 팔지 않으면 채산이 맞지 않는다. 가격을 낮춰서 5만 원에 팔거나 무료로 선물하거나 어떻게 해서든 자리를 메우려고 할 것이다.

이렇게 된 원인은 '수요5백 명가 공급1천 장보다 적은' 데에 있다. 티켓을 원하는 사람보다 제공된 양이 많기 때문이다. 그래서 당연히 티켓이 남는다는 이야기이다.

콘서트 티켓은 같은 한 장으로, 공연장도 공연시간도 모두 똑

《수요와 공급이 가격을 결정한다》

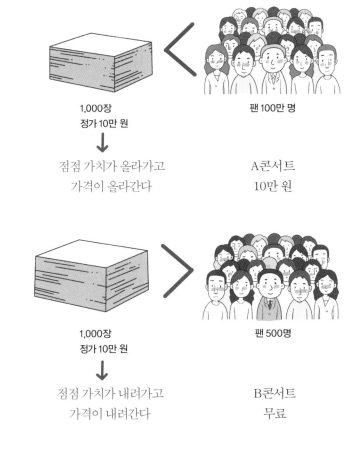

1,000장
정가 10만 원

⬇️

점점 가치가 올라가고
가격이 올라간다

팬 100만 명

A콘서트
10만 원

1,000장
정가 10만 원

⬇️

점점 가치가 내려가고
가격이 내려간다

팬 500명

B콘서트
무료

같다. 아이돌 그룹 A의 티켓은 10만 원으로 구입할 수 있는 것이 100만 원이 되었고, 똑같이 10만 원하던 아이돌 그룹 B의 티켓은 무료로 나눠 주어도 어쩔 수 없는 상황이 되었다.

이것이 '수요'와 '공급'의 균형에 따라 '가치'가 변동되고, 그것에 따라서 '가격'이 바뀌는 모습이다.

수요와 공급의
적당한 타이밍 줄타기

'수요'와 '공급'의 균형에 따라서 '가치'가 변동하고, 그것에 따라서 '가격'이 바뀌는 원리를 이해했을 것이다.

그러면 우리가 투자를 할 경우, 어디에 투자를 해야 더 많은 수익을 얻을 수 있을까. 이미 대답은 나왔을 것이다.

그렇다. '수요〉공급'이 되는 곳에 투자를 하면, 그 가치를 원하는 사람이 늘어나고 결과적으로 가격이 오른다. 그러면 더 많은 수익을 얻을 확률이 높아진다.

대부분의 사람들은 더 많은 월급을 받기 위해서 영어 공부를 시작한다. 그러나 영어 공부를 해도 아마 월급은 크게 오르지 않을 것이다. 왜냐하면 지금 우리나라에는 영어를 잘하는 사람들이 많이 있기 때문이다.

물론, 영어 공부 자체를 부정하는 것은 아니다. 그러나 영어를 잘 한다고 해서 우리의 가치가 갑자기 높아질지는 의심해 봐야 한다. 우수한 영어 실력을 원하는 '수요'에 대해 '공급'된 사람은 이미 많기 때문이다.

다만, 영어 실력을 쌓은 후에 해외 영업이라든가 마케팅 영업 등 다른 능력을 갖추면 좋을 것이다. 왜냐하면 해외시장을 향해 나아가려는 기업들이 늘어나기 때문이다.

즉, 영어 실력과 더불어 영업이 가능한 다른 능력을 겸비해야 가치가 올라가고, 나아가 월급이 올라간다는 뜻이다.

부동산 투자에 대해서도 마찬가지이다. 부동산 물건은 수요와 공급에 의해서 가격이 올라가기도 하고 내려가기도 한다. 같은 크기의 아파트 한 채라도 도심에 구입하는 가격과 지방에 구입하는 가격이 다른 이유가 수요와 공급 때문이다. 도심은 거주하고 싶은 사람 즉, 수요가 많은 데에 비해 공급되는 아파트는 부족하다.

한편, 지방은 도심에 비해 거주하고 싶은 사람의 수가 적다.

그렇기 때문에 도심에 비해 부동산 가격이 낮은 것은 당연하다. 게다가 지방은 점점 인구가 줄어들고 있어서 그곳에 거주하고 싶은 수요에 비해 공급되는 아파트의 수가 점차 늘어나고 있다.

그러면 아파트의 가격이 더욱더 내려갈지도 모른다는 생각에 집을 구입하지 않으려는 임대인이 늘어나고, 결과적으로 아파트의 가격은 내려간다.

일률적으로 무엇이 좋다고 말할 수는 없지만, 자기투자에 있어서도, 물건에 대한 투자에 있어서도, 더 많은 수익을 얻는 열쇠는 '수요〉공급'에 있다는 것이 포인트이다.

현재의 수요와 공급만 보는 것이 아니라 앞으로 5년 후, 10년 후의 수요와 공급을 예측해 보면 미래의 가치를 판단할 수 있다.

물론, 미래를 100퍼센트의 확률로 예측할 수는 없다.

그렇지만 지금 인기 있는 기술만이 아니라 미래에 사람들이 원하는 기술을 몸에 익혀야 나라는 인재의 가치가 높아진다. 부동산 투자에 대해서도 미래에 사람들이 원하는 지역을, 게다가 아직 공급이 적은 지역을 발견하면 미래에 가격이 오를 가능성이 높아진다.

이러한 것을 검토하고 '사람, 물건, 돈'에 투자를 하면 더 많은 수익을 얻을 수가 있다.

저자

{ 다케마츠 스토리 }
Takematsu's story

2

시바타에게 배운 돈이라는 편견

내가 시바타 히로히토를 처음 만난 것은 27살 때였다. 저자이자, 유명한 컨설턴트이기도 한 제임스 스키너 강연에 참가했을 때였다.

1년 전 나는 제임스 스키너 강연을 듣고 큰 충격을 받았다. 그 충격은 스키너 메시지보다 그의 존재 자체에 있었다. 그는 일찍이 내가 꿈꾸던 프로 야구선수처럼 많은 사람들을 열광시키고, 그들에게 동기를 부여하는 일을 직업으로 삼고 있으며, 게다가 전 세계를 돌아다니고 있었기 때문이다. 그런 스키너의 라이프 스타일에 강한 동경을 느꼈다.

시바타는 봉사자로서 그의 강연을 돕고 있었다. 가끔씩 그와 말을 주고받으면서 이런저런 이야기를 나누는 동안에, 이 사람과 같이 일하게 되면 나의 인생이 완전히 바뀔 거 같다는 생각이 들었다.

나는 당시 시바타에게 종종 이러한 질문을 받았다.

"유우키는 '돈이 많으면 좋겠다.'고 했는데, 정말 원하는 게 뭐야?"

솔직히 당시에는 그 질문의 의미를 알 수 없었다.

"아니, 어쨌든 돈을 많이 가지고 싶어요."

그때에는 이런 대답밖에 떠오르지 않았다.

시바타 덕분에 수천만 원이나 호가하는 우주여행 티켓을 망설임없이 구입할 수 있게 된 지금은, 그때 시바타가 무슨 말을 하고 싶었는지 잘 알고 있다. 사람이 정말로 원하는 것은 돈 그 자체가 아니다. 그것은 돈으로 얻고 싶은 물건이나 경험이다.

누군가와 함께 시간을 보내고 싶다거나, 좋아하는 자동차를 구입하고 싶어서 돈을 원하는 것이다. 나는 "정말 원하는 게 뭐야?"라는 물음을 통해서 돈보다 앞에 있는, 나의 인생에 있어서 정말로 중요한 게 무엇인지 생각하게 되었다.

내가 정말 원하는 것이 무엇인지 보이기 시작하면 그것을 위한 필요 자금이 구체적으로 보인다. 당시 나는 벤츠 자동차가 가지고 싶었지만, 벤츠를 구입해서 누군가와 무엇을 할지? 꼭 벤츠이어야만 하는지? 꼭 신차이어야만 하는지? 중고는 안 되는지? 등등 돈이 아니라 그보다 앞에 있는 '원하는 결과'를 추구하게 되었다.

이것은 나에게만 한정된 이야기가 아니다. 회사원이나 공무원 등 지극히 평범한 부모 밑에서 자란 사람들은 돈과 그다지 친하지 않다고 생각하기 쉽다. 그 이유는 돈에 익숙하지 않기 때문이다.

그래서 "돈만 있으면 무엇이든지 할 수 있다.", "가능한 많은 돈을 가지고 싶다."고 생각해 버린다. 그들은 돈이 있으면 지금보다도 행복해질 수 있다고 생각한다. 그러나 꼭 그렇지만은 않다. 우리가 정말 원하는 것은 돈으로 사고 싶은 '무엇'이다. 그 '무엇'이 보이기 시작하면 필요한 금액을 알 수 있고, 동기도 생겨나서 목표를 향해 자연히 노력하게 된다.

PART 5

돈을 늘리려면
자기투자부터 시작해야 한다

　지금까지 '돈을 많이 쓰자.'는 이야기를 했다. 그러나 돈을 많이 쓰려고 해도 쓸 돈이 없다고 생각하는 사람도 있다. 하지만 내가 지금 이 책에서 추천하는 방법은 1만 원 정도로 시작하는 자기투자이다. 그렇기 때문에 이 책을 읽고 있는 독자라면 누구라도 지금 당장 투자를 시작할 수 있다.

　그렇다면 돈을 더욱더 많이 쓰기 위해서는 어떻게 해야 할까. 그러기 위해서는 당연히 돈을 많이 벌어야 한다. 아무리 소비와 낭비를 줄이더라도 들어오는 돈이 적으면 돈을 많이 쓸 수도, 돈을 많이 늘릴 수도 없다. 그렇기 때문에 '들어오는 돈' 즉, 나의 수입을 늘리는 것이 중요하다.

수입을 늘리기 위해서는 역시 자기투자가 필요하다. 지식과 기술과 경험을 익힌 후, 지금보다 더 많은 '돈을 버는 사람'이 되는 것이 중요하다. 자기투자를 통해서 우리의 가치가 높아지면 수입도 올라갈 가능성이 높아지기 때문이다.

즉, 돈을 늘리기 위해서는 우선 자기투자부터 시작해야 한다. 그렇게 해서 늘어난 돈을 더욱더 투자와 자기투자에 사용하면 수익은 더 많이 늘어날 것이다. 그리고 그 돈으로 또다시 투자와 자기투자를 해야 한다. 이 흐름이 '평생 돈에 시달리지 않는 돈 쓰는 방법'이다.

이것은 '닭이 먼저일까, 달걀이 먼저일까.'라는 이야기와 비슷하지만, 이 경우에는 자기투자가 먼저이다. 그러나 내가 하고 싶은 말은 지금 당장 주식을 사서 돈 버는 기술을 공부하라는 이야기가 아니다.

주식을 투자해서 얻을 수 있는 수익은 일반적으로 연간 7퍼센트에 불과하다. 즉, 1천만 원을 투자해도 1년 후에 벌 수 있는 돈은 70만 원 정도에 불과하다. 그러나 주식도 공부를 하지 않으면 돈을 벌 확률은 그보다 더 낮아진다. 그래서 주식을 잘 알지 못하는 초보자들은 손해를 볼 가능성이 매우 높다.

나는 많은 사람들에게 돈에 대한 사고를 넓혀 주기 위해 '주식 학교 닷컴'이라는 사이트를 만들어 그곳에서 오랫동안 주식을 가르치지만, 주식이란 2천만 원 이상 투자하지 않으면 비용 대 효과가 매우 낮은 투자라고 주장하고 있다. 그렇기 때문에 적은 자금으로 시작할 수 있는 투자는 역시 자기투자밖에 없다.

또한, 주식은 구입만 하면 어떻게든 된다고 생각하는 사람도 많이 있다. 그러나 이것은 큰 착각이다. '주식학교 닷컴' 전문반에서는 주식을 사고파는 것을 반복하면서 자금을 1년에 2배로 늘리는 방법을 가르치고 있지만, 이것에도 역시 전문 공부가 필요하다. 운전면허증이 없는 사람이 갑자기 카 레이스에 나가 우승할수가 없는 것과 똑같이 돈의 세계에서도 실력의 차이가 확연하게 드러나기 때문이다.

그러나 나에게 1천만 원을 투자해서 자격증을 취득하고 기술을 익힌다면, 1년 후에는 그것들을 활용해 70만 원 이상의 수익을 얻을 확률은 매우 높아진다. 자기투자한 지 단 2년 만에 투자한 돈을 회수하는 것뿐만이 아니라 그보다 더 큰 수익을 낼 수도 있다.

이렇듯 자기투자는 효율적인 투자이고, 내가 하는 것에 따라서 그 효율은 더욱더 높아진다.

주식 투자에서 '이율'이나 '투자자본수익률^{ROI}'이 중요하다는 사실은 누구나 안다. 이것은 투자한 돈에 대해서 얼마의 이익을 얻을 수 있는지의 지표이고, 얼마나 효율적으로 이익을 낼 수 있을지 판단하는 지표이다. 이것은 비즈니스 세계에서도 마찬가지이다.

그러나 대부분의 사람들은 투자와 비즈니스 이외에서는 이율과 투자자본수익률을 생각하지 않는다. 하지만 어떠한 돈이라도 '이율'과 '투자자본수익률'을 제대로 이해하고 돈을 써야 보다 확실하게, 보다 효율적으로 수익을 얻을 수가 있다.

돈을 쓸 때에는 수익을 생각하고 써야 한다고 말했지만, 이것은 '항상 투자자본수익률을 생각하고 돈을 쓰라.'는 말과 같다.

자기투자는 효율성이 높을 뿐만 아니라 앞으로의 가능성도 높여주는 투자이다. 그래서 투자를 할 거라면 자기투자를 먼저 해야 한다. 이것이 투자의 철칙이다.

수입을 늘리는
사고법

그러면 구체적으로 어떻게 해야 '돈을 많이 버는 사람'이 될까.

당연한 이야기이지만, 모든 사람들이 같은 일을 하면서 돈을 벌지는 않는다. 무엇을 해야 돈을 많이 벌 수 있는지는 사람들마다 다르기 때문에 솔직하게 말하면 내가 명확한 대답을 내놓을 수는 없다.

그러나 그 대신 여기에서는 월급을 많이 받는 사고법을 이야기하겠다.

우선, 사람들이 가장 생각하기 쉬운 자기투자는 자격증 취득이나 전문 기술 습득이다.

많은 사람들이 자격증 취득이나 전문 기술 습득을 착각하는 사고가 있다. 그것은 자격증을 취득하거나 전문 기술을 배우는 것 자체가 목적이 된다는 점이다. 그렇기 때문에 무언가를 배우기 이전에 수익을 손에 넣을 전략이 빠진 경우가 많이 있다.

성공하는 비즈니스의 기본과 월급을 많이 받는 회사원의 기본은 모두 똑같다. 그 열쇠가 되는 기본 요소는 이미 앞에서도 이야기했듯이 '가치'의 제공이다. 그 가치를 원하는 사람이 많을수록 우리의 월급은 올라간다.

즉, '수요'보다 '공급'이 적은 것을 선택해야 한다.

만약 우리가 직원을 고용해야 되는 한 회사의 사장이라면, 어떠한 사람에게 월급을 많이 줄까?

'인사를 잘하는 사람', '인상이 좋은 사람', '칭찬을 잘하는 사람'이라고 생각할지도 모른다. 또는 '일이 빠른 사람', '영업을 잘하는 사람', '경력이 높은 사람'이라고 생각하는 사람도 있다.

그러나 정답은 '가치 있는 일을 하는 사람'이다. 투자한 수익에 따라서 상품의 '가격'이 오르고 내린다는 이야기는 앞에서도 했다.

원하는 사람의 수_{수요}와 제공하는 사람의 수_{공급}의 균형에 의해서, 수요가 많으면 당연히 가격이 오른다. 우리의 월급을 결정하는 것도 이와 같은 사고이다.

이를테면 의사의 평균 연봉은 1억 2천만 원에서 1억 5천만 원 정도가 된다고 하는데, 일반인들에 비해 매우 많은 수입을 받지만, 이것도 수요와 공급의 균형에 따른 것이다. 건강한 삶은 어느 시대에나 요구되는 당연한 바람이고, 앞으로 고령화 사회가 진행될수록 건강을 추구하는 하는 사람들은 더욱더 늘어날 것이다.

그렇기 때문에 우수한 의사에 대한 수요는 계속해서 늘어날 수밖에 없다. 그러나 의사는 아무나 될 수 있는 직업이 아니고, 우수한 의사의 수는 매우 적다. 그래서 의사의 연봉은 앞으로도 계속해서 늘어날 것이다.

그러면 또 다른 예를 들어보자. 부동산업계에서는 공인중개사 자격증을 취득해야 그 연봉이 올라간다. 왜냐하면 공인중개사 자격증이 없으면 할 수 있는 일이 없기 때문이다. 즉, 부동산업계에서는 공인중개사 자격증을 가진 사람에 대한 수요가 높다. 공인중개사 자격증이 없는 사람보다 자격증이 있는 사람의 가치가 높기 때문에 자격증을 취득해야 많은 월급을 받을 수가 있다.

그러면 지금 우리가 계산기를 배운다면 어떻게 될까?

솔직하게 말해서 현재 계산기를 다룰 줄 아는 사람을 원하는 기

《돈을 버는 수요와 공급의 균형》

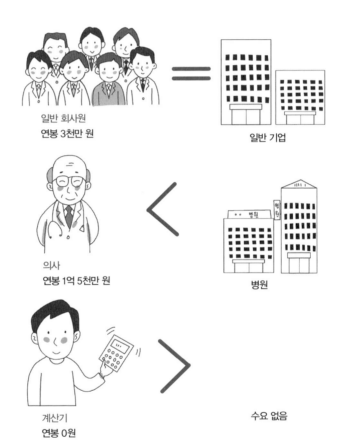

일반 회사원
연봉 3천만 원

일반 기업

의사
연봉 1억 5천만 원

병원

계산기
연봉 0원

수요 없음

업은 그 어디에도 없다. 즉, 수요가 없다는 뜻이다. 이렇게 되면 계산기 다루는 기술을 가지고 있어도 그것이 가치로 이어지지는 않는다. 아무리 노력하고 시간을 들여서 계산기를 배웠더라도 쓸모없는 일이 되어 버린다.

즉, 자격증을 취득하고 기술을 습득하기 이전에 수요와 공급을 생각하고, 거기에서 얼마의 수익을 얻을 수 있는지 판단하는 것이 중요하다.

자격증과 기술이 무조건 돈을 낳는 것은 아니다. 결국 수요가 높고 가치가 있는 일을 선택한 후에, 나만이 할 수 있는 일이 확실해진다면 우리의 월급은 올라갈 것이다.

가치 있는 일을 하는 사람이 없으면 회사가 어려워질 수도 있기 때문에 회사는 높은 월급을 주고서라도 그 사람을 붙잡고 싶어 한다. 이것이 돈을 버는 기본적 마인드이다.

월급을 올리는 방법은
페라리에서 배워라

페라리라는 자동차는 매우 고가라는 인식이 있다. 당연한 이야기이지만, 이 고급 자동차를 손에 넣기 위해서는 막대한 돈을 지불해야만 한다.

그리고 페라리 속에는 월급을 높이기 위한 사고법이 숨어 있다. 그것은 페라리의 창업자인 엔초 페라리가 했던 이 말에 있다.

"필요한 자동차 수보다 1대 적게 만들어라."

이것은 '수요'와 '공급'의 균형을 생각한 판매 전략이라고 말할 수 있다.

페라리 회사는 2002년 창업자 이름을 내건 '페라리 엔초'라는 신차를 판매하기 시작했다. 창업 60주년을 기념하기 위해 만든 슈퍼카이다.

판매 예정 금액은 약 7억 6천만 원으로, 350대는 확실히 판매할 수 있다는 사전조사 결과가 나왔다고 한다.

그 후 페라리 회사는 고객 설명회에서 이렇게 선언했다.

"사전조사에서 예상한 판매 대수는 350대이기 때문에 우리는 349대만 생산하겠다."

왜 이런 생각을 했을까? 그것은 자동차를 원하는 사람보다 공급되는 양이 적으면 제품의 가격이 오르기 때문이다. 그리고 그 자동차를 구입하지 못한 사람들은 다음 상품이 나올 때까지 기다려야만 한다. 또한, 이 한정된 자동차를 구입한 사람은 더욱더 페라리의 팬이 된다.

이것을 실현하기 위한 방법은 "필요한 자동차 수보다 1대 적게 만들어라."는 창업자의 말에 있었다. 덧붙여서 최종적으로 50대가 추가 생산되어 페라리 엔초는 총 399대가 세상에 나왔다.

세상에는 고객의 수요보다 녀 많은 세품을 공급해서 판매량을 조금이라도 늘리려는 기업들이 많이 있다. 그러나 이러한 방법을 선택하면 결과적으로 상품의 가격은 내려간다.

판매하다가 남은 콘서트 티켓은 결국 정가보다 싸게 팔아야만 한다. 이렇듯 수요보다 공급이 많으면 가격이 내려간다. 게다가 상품 가격이 내려가 버리면 비싼 가격을 주고 구매한 사람들은 불만을 품는다.

가장 먼저 티켓을 구매한 팬이라도 "팬을 배신하면서까지 싸게 팔다니, 너무하네." 하고 생각할지도 모른다. 그러면 다음 콘서트에는 가지 않을 가능성이 높다.

우리 월급을 높이는 포인트는 수요와 공급의 균형을 생각하고 수요보다 공급이 적은 것을 선택하는 방법이다.

간단하게 말하면 많은 사람들에게 기쁨을 제공하고, 많은 사람들이 원하는 내가 되는 것이다. 이것이 월급을 많이 받기 위한 사고법이다.

물론, 이런 사고는 비즈니스를 하는 경우에도 마찬가지이다. 많은 사람들의 고민을 해결해 주고, 고민을 기쁨으로 바뀌게 하는 비즈니스는 어느 시대에나 요구되기 때문이다.

배움에는 '자세'와 '방법' 2가지가 있다

여기에서는 자기투자에 필요한 배움에 대해서 조언하겠다. 왜냐하면 이것을 아는 것과 모르는 것에 따라서 수익이 크게 바뀌기 때문이다.

무언가를 공부할 때, 배움은 크게 2가지 종류로 나누어진다. 그것은 '자세'와 '방법'이다. '자세'는 어떠한 사람으로 있는가이다. 그리고 '방법'은 기술을 효과적으로 사용하는 구체적인 예이다.

이를테면 우리가 성공한 영업사원을 꿈꾸고 있다고 가정해 보자. 세상에는 수없이 많은 실용서가 존재하며, 그 책들은 영업 '방법'을 소개하고 있다. 이렇게 말하면 계약을 맺을 수 있다든지, 이러한 인상이 신뢰감을 준다는 식으로 말이다.

이처럼 실용서에는 손쉽게 따라할 수 있는 방법들이 많이 소개되어 있어서 누구나 간단하게 실천할 수 있다는 장점이 있다.

그러나 그 전제조건이 제각각이어서 실제로는 사용할 수 없는 내용도 많이 포함되어 있다. "영업할 때에는 이렇게 말하자."는 예시가 나와 있어도 실용서에 적힌 제품과 다른 제품을 판매하는 경우라면 그 내용을 그대로 사용할 수가 없다. 양복을 파는 사람과 자동차를 파는 사람과 집을 파는 사람과 예술품을 파는 사람의 판매 방식이 다르기 때문이다.

'인간관계가 좋아지는 대화기술'을 소개하는 책을 읽은 후 그 대화 내용을 모든 사람에게 그대로 사용하는 사람도 있다. 물론 상황이 딱 들어맞으면 그 대화 내용을 사용하는 것도 나쁘지는 않다. 또한, 참고가 되는 부분도 물론 많이 있다.

이렇듯 '방법'만을 배우면 매우 한정된 상황에서만 사용할 수밖에 없다.

효과적인 광고 방법이라든가 지금 유행하는 장르 등 어떠한 한정된 상황에서만 사용할 수 있는 것이 '방법'이다. 그렇기 때문에 이 장점은 항상 나에게 맞는 정보만을 받아들일 필요가 있다.

한편, '자세'를 설명하는 대표적인 책은, 우리도 잘 알고 있는 스티븐 코비의 『성공하는 사람들의 7가지 습관』이다. 이 책은 '성공하는 사람들의 자세'에 중점을 맞추고 있다.

'자세'란, 요약하면 사물에 대한 사고방식과 마음가짐이다.

이를테면 영업인으로 성공하는 '자세' 중의 하나는 '나의 상황보다 고객의 요구를 우선하자.'이다. 성공하는 영업사원은 반드시 고객의 요구사항에 귀를 기울인다. 그리고 그 사람들은 고객 요구에 맞는 상품을 추천하기 때문에 계약을 많이 맺는다.

그러면 '고객 요구보다 나의 상황을 우선하는' 영업사원은 어떻게 될까? 고객에게 전혀 어울리지 않는 옷을 무리하게 추천하는 점원이 있다고 가정해 보자. 설령 그 점원이 아무리 완벽한 세일즈 토크를 구사해도 거기에는 가장 중요한 '자세'가 빠져 있다.

이렇게 '자세'가 빠져 있으면, 어쩌다 옷을 판매할 수는 있어도, 대부분 옷을 잘 판매하지 못한다. 게다가 직장을 옮겨서 다른 물품을 판매해야 되는 상황이 생기면, 판매 방법을 다시 배워야 하기 때문에 효율성도 떨어져 버린다.

그러나 '방법'이 아니라 '자세'를 배우면 상황과 장소가 바뀌어도 또는 판매하는 상품이 바뀌어도 곧바로 응용할 수가 있다. 양복을 판매하는 사람과 자동차를 판매하는 사람과 집을 판매하는 사람과 예술품을 판매하는 사람의 세일즈 토크는 저마다 다르다.

그러나 성공하는 영업사원의 '자세'는 '내 상황보다 고객의 요구를 우선한다.'이고, 이것을 한 번 기억해 두면 기본적으로 모든 판매가 가능해진다.

그러나 '자세'에도 단점이 있다. 응용이 가능하다는 것은 추상도가 높다는 뜻이다. 즉, 이 '자세'를 완벽하게 익힐 때까지는 시간이 많이 걸릴지도 모른다.

그래서 나는 '방법'도 '자세'도 모두 중요하다고 말하고 싶다. 그리고 무언가를 배울 때에는 '방법'을 먼저 배우는 것이 쉽다. 그러나 반드시 '자세'도 함께 배워야만 한다.

'방법'과 '자세'를 모두 배우면 어떤 업계에서든지 상황을 초월해서 활용할 수가 있고, 그 이후 빠르게 성장할 수가 있다. 즉, 한 번 배우면 그것을 통해 장기간 수익을 얻을 수 있다.

배움에는 '방법'과 '자세'가 있다는 사실을 기억해 두고, 무언가를 배울 때에는 이 두 가지를 모두 습득하길 바란다.

인생 설계에는
수치가 필요하다

나는 자주 이러한 질문을 듣는다.

"저도 성공한 사람이 되고 싶어요. 어떻게 하면 돈을 많이 벌 수 있을까요?"

그러면 나는 이렇게 대답한다.

"어떤 성공을 원하나요? 수입이 얼마 정도면 좋겠고, 자산이 얼마가 되었으면 하나요?"

그리고 또 이렇게 묻는다.

"어디에서, 어떠한 집에서, 어떠한 생활을 하고 싶나요? 무엇을 가지고 싶나요? 그것들을 언제까지 이루고 싶나요?"

성공과 인생설계는 투자와 개념이 똑같다. 인생의 어느 단계에서 어떠한 삶을 달성하고 싶은가. 이것이 인생을 계획하는 포인트이다.

그리고 시간 낭비와 돈 낭비를 피하기 위해서는 투자 대 효과를 잘 생각해 볼 필요가 있다. 성공과 인생 설계도 투자와 마찬가지로 수치로 나타내야 한다.

가장 먼저 목표를 확실하게 세우는 것을 시작으로 어떠한 성공을 원하는지, 성공하기 위해서는 자원이 얼마나 필요한지 수치로 분명하게 나타내야만 한다.

이를테면 사람들은 저마다 자신의 희망연봉을 가지고 있다. 나는 지금까지 '희망연봉이 1억 원'이라고 말하는 사람들을 많이 만나왔다. 그러나 대부분의 사람들이 그 목표를 달성하지 못한다. 왜냐하면 숫자만 거론할 뿐, 자신이 정말 원하는 것을 알지 못하기 때문이다. 그렇기 때문에 이 숫자는 행동을 바꾸기 위한 동기가 되지 못한다. 그래서 당연히 목표를 이루지 못하는 것이다.

그러면 어떻게 하면 의미 있는 수치를 내놓을 수 있을까.

그러기 위해서는 내가 이상적으로 생각하는 삶을 생각해 봐야한다. 의식주에 대해서 이상적인 한 달을 생각해 보자. 이것을 현실로 이룰 수 있을지 없을지는 관계없다. 꿈만 같은 의식주라도 상관없다.

우선 주거부터 시작해 보자. 우리가 살고 싶은 집은 어느 곳에 어느 정도의 크기로 누구와 살고 싶은 곳인가? 그리고 임대료는 얼마 정도일까? 여기에서는 월 300만 원이라고 가정해 보자.

다음은 식사이다. 어떤 식생활을 하고 싶은가? 식사도 하루에 5만 원, 한 달에 150만 원이라고 가정해 보자.

옷은 어떨까? 한 달에 200만 원 정도 옷을 사고 싶다고 가정해 보자.

이것들을 모두 더하면 총 650만 원이 된다. 그리고 1년이면 7천 8백만 원이 된다. 1년에 3번 정도는 해외여행을 간다고 예상하고, 한 번 갈 때마다 200만 원이라고 가정하면 합계 600만 원이 된다. 그러면 총 8천 4백만 원이 된다. 여기에서 세금은 생각하지 않았다.

즉, 연봉이 8천4백만 원이면 우리가 이상적이라고 생각하는 생활이 가능해진다.

대부분의 사람들이 연봉 1억 원을 받고 싶다고 말하지만, 거기에 의미를 붙이는 사람은 거의 없다. 지금 이 계산으로는 연봉이 8천 4백만 원이면 충분하다.

1억 원이라는 숫자를 단순히 목표로 내세우는 것이 아니라, 우리가 원하는 삶을 생각한 후에 구체적인 금액을 계산해야 한다. 그리고 여기에서 그 금액은 8천 4백만 원이었다.

그러면 이제는 이 생활을 언제까지 이룰 것인지에 대해서 생각해 보자. 그것은 1년이나 2년이 걸릴지도 모르고, 5년이나 걸릴지도 모른다. 이 기간은 직접 결정하길 바란다.

그러면 우리가 정말 원하는 삶을 위한 필요한 금액과 기간이 정해졌다. 이렇게 돈을 버는 의미와 나의 이상향이 직결되면, 사람은 목표를 이루기 위해 노력을 하게 된다.

그리고 아무 생각 없이 월급을 많이 받고 싶다가 아니라 나의 이상향에 따른 금액을 구체적으로 결정할 수 있다. 물론, 지금의 예는 적당한 숫자를 대입한 것이기 때문에 사는 곳이 바뀌면 금액도 달라질 것이고, 가치관에 따라서도 그 금액이 달라질 것이다. 또한, 자녀가 있으면 거기에 들어가는 비용도 당연히 발생하기 때문에 양육에 필요한 숫자도 대입해야 한다.

《우리의 '이상적인 생활'이란?》

초고층 아파트
(90㎡ 방 3칸)
집세 300만 원

호화스런 식사
(5만 원/하루)
매월 150만 원

명품 옷
(1벌 100만 원)
매월 200만 원

매해 3번의 해외여행
(200만 원/1회)

 총 8천4백만 원

이상적인 생활이 가능하다.
연봉 1억 원을 목표로 할 필요는 없다.

여기서 말하고 싶은 것은 부자가 되고 싶다는 소원도 정확한 수치로 나타내야 한다는 점이다.

그리고 '얼마의 돈을 언제까지 가지고 싶은지' 생각하기 위해서는 우선 '어떠한 내가 되고, 어떠한 삶을 보내고 싶은지' 명확하게 설계해야만 한다. 이상적인 삶을 명확하게 설계하면 5년 후에 3억 원이 필요할지 1년 후에 1억 원이 필요할지 판단할 수 있기 때문이다.

이유가 명확해지면 목표가 수치화되어서 길도 뚜렷하게 보인다. 그러면 결과적으로 목표가 이루어지는 확률도 훨씬 높아진다.

높은 월급을
받기 위한 투자법

    '돈을 많이 버는 사람'이 되기 위해서는 '언제까지 얼마를 벌고 싶은지' 목표를 명확하게 세워야 한다고 말했다. 그리고 단순히 돈을 추구하는 것이 아니라 이상적인 생활에 따른 금액을 결정해야 한다고도 말했다.

    그러면 목표가 수치로 명확하게 정해졌다면, 그 다음은 어떻게 해야 되는지에 대해서 설명하겠다.

    그 하나의 방법으로 원하는 연봉의 3퍼센트를 자기투자에 쓰라고 말하고 싶다. 지금 연봉의 3퍼센트가 아니다. 미래에 원하는 연봉의 3퍼센트이다. 너무 많은 금액이라고 생각될지도 모르지만, 수익을 생각하면 그리 큰 금액도 아니다.

연봉 1억 원을 목표로 한다면 1년에 300만 원을 자기투자에 써야 한다. 이것은 한 달에 25만 원이다. 월급이 200만 원이라면 이 정도는 자기투자에 쓸 수 있다.

아무래도 한 달에 25만 원을 자기투자에 쓰기 힘들다면, 목표를 다시 설정하는 편이 좋다. 아무리 노력해도 자기투자에 쓸 수 있는 돈이 한 달에 15만 원밖에 되지 않는다면 우선은 연봉 6천만 원을 목표로 재설정해야만 한다.

연봉 6천만 원을 달성했다면, 매달 50만 원은 자기투자에 써야 한다. 그렇게 하면 연봉 2억 원을 목표로 할 수 있다는 계산이 나온다.

물론, 연봉 달성의 기간도 매우 중요한 요소이기 때문에 그것도 배제할 수는 없지만, 이렇듯 수치로 나타내다 보면 보다 현실적으로 받아들일 수 있다. 이것이 수치화의 큰 장점이다.

금액을 알았다면, 이번에는 목표를 보다 효율적으로 달성하는 방법을 생각해야만 한다. 연봉 1억 원이라는 똑같은 목표를 세우더라도 3년이 걸리는 것보다 1년 만에 달성하는 편이 투자 대 수익이 높기 때문이다. 즉, 무엇을 어떻게 배울지 생각해야 한다.

책을 읽거나 강연을 들으러 다니는 등 무언가를 배우는 방법은 다양하다. 공인중개사 자격증을 취득하려고 마음먹었다면 전문 학원에 다니는 편이 보다 확실할 것이다. 그러나 개중에는 독학으로 합격하는 사람들도 있다.

이렇듯 자신에게 맞는 방법을 찾을 필요가 있다. 물론, 처음부터 자신에게 맞는 방법을 찾기란 여간 어려울지도 모른다. 잘 되지 않거나, 효과가 없다고 생각되면 다른 방법을 찾아봐야 한다. 항상 투자 대 수익을 생각한다며 이러한 의식은 자연스럽게 작용할 것이다.

투자 대 수익이란 반드시 '적은 투자로 큰 이익'을 얻는 방법만이 중요한 것은 아니다. '큰 투자로 더 큰 수익'을 얻는 방법을 생각해도 좋다.

이를테면 1천만 원짜리 강연을 들은 후 5천만 원이었던 연봉이 1억 원이 되었다면 강연비가 비싸게 느껴지지 않을 것이다.

물론, 강연을 들어도 실제로 연봉이 오를지 안 오를지는 아무도 모른다. 그러나 1천만 원을 내고 1년 후에 연봉이 1억 원이 되었다면 5천만 원의 수익이 생긴 것과 같다. 이것으로 큰 수익을 얻었다고 생각할 수가 있다.

이렇듯 강연비가 비싸다든가 책의 가격이 비싸다는 논리는 그다지 의미가 없다. 왜냐하면 우리가 얻고 싶은 결과의 크기에 따라서 수익이 커질지 작아질지가 바뀌기 때문이다.

나도 이틀에 500만 원 하는 강연을 들은 적이 있지만, 매우 싼 강연이었다고 말하고 싶다. 왜냐하면 그 강연에서 배운 내용을 활용해 억 단위의 판매를 이루었기 때문이다.

다시 말하겠지만, 반드시 '적은 투자로 큰 이익'을 얻는 것만이 목표가 아니다. '큰 투자로 더 큰 수익'을 얻는 방법을 생각해도 좋다.

1천만 원의 강연이든지, 1만5천 원의 책이든지 중요한 것은 가격이 아니라 거기서 얻는 수익이다. 배우려는 의욕과 수익을 얻으려는 노력이 없으면 결국은 자기투자가 되지 않는다. 그러나 의욕과 노력이 있다면 어디에서라도 배울 수가 있다.

어차피 투자를 할 거라면 높은 수익을 얻어야만 한다. 이것은 '자기투자'도 마찬가지이다. 많이 배우고, 많이 벌기 위해서는 배운 것을 가치 있게 만들고 세상에 기쁨을 주어야만 한다.

저자

{ 시바타 스토리 }
Shibata's story

3

나는 23살에 대학을 졸업한 뒤 대기업 주택회사에 취직을 했다. 회사 안에서 영업직을 선택했고, 한 달에 2천 건 이상을 계약하는 등 꽤 열심히 일을 했다. 그 후 26살에 독립한 후 27살에 결혼을 했다.

30살 때 첫아이가 태어나면서 앞으로의 인생을 계획하게 되었다. 그러나 이대로는 절대 안정된 노후를 보낼 수 없다는 사실을 알고 충격을 받았다.

그때, 미래에 내 아이에게 부담을 주지 않으려면 많은 보험에 가입하는 방법밖에 없다는 생각이 들었고, 이런저런 보험을 알아보기 시작했다. 그러나 우리가 보험회사에 지불하고 있는 보험료 대부분이 광고비와 회사

경비로 쓰인다는 사실을 알았고, 그런 것들을 위해서 내가 지금까지 비싼 보험료를 내고 있었다는 사실에 또다시 충격을 받았다.

그래서 나는 내 인생의 경제적인 목표를 '보험에 가입하지 않아도 되는 생활'로 설정했다. 물론 화재보험과 자동차보험, 손해보험에는 당연히 가입했지만, 생명보험과 의료보험은 쓸모없다고 판단했다.

그런 다음 투자를 생각해 보기 시작했다. 당시에는 제로쿠폰이라는 미국 국채가 판매되고 있었다. 그리고 제로쿠폰은 10년 후에 2배가 될 가능성이 높다는 이야기를 듣고 그것을 당장 구입했다. 또한 러시아의 휴대전화회사와 브라질의 식품회사 등의 여러 주식을 구입했다. 그리고 그 주가가 점점 오르는 모습을 보면서 투자란 이런 것이구나 하고 새삼 깨달았다.

그 후 부동산 투자의 강력한 힘을 알고, 부동산 전문가가 되겠다고 마음을 먹었다. 세미리타이어(준은퇴―옮긴이)에 대해서도 투자를 공부하던 도중에 처음으로 생각하게 되었다. 당시 나는 어쨌든 육아에 집중하고 싶었다. 그래서 주식과 부동산을 통해 어느 정도 안정적인 소득이 생기면 세미리타이어를 해 육아에 전념하자는 야망을 세웠다.

부동산 투자를 시작한 지 2년이 조금 안 된 시점에 그 야망을 이룰 수 있게 되었다. 재산이 자동적으로 늘어나기 시작하면서 안정적으로 세미리타이어를 할 수 있었기 때문이다.

딸아이가 초등학교에 들어갈 무렵부터는 늘 아이 옆을 지키면서 육아에 힘쓸 필요가 없어졌다. 또한, 세미리타이어 기간에도 비즈니스에 복귀하라는 말을 주변사람들에게 자주 들었기 때문에 이 세계에 다시 돌아왔다.

사실 세미리타이어 기간 동안 나는 투자와 비즈니스에 대해 누구보다 많이 공부했었다. 만약 내가 '한가하게 놀면서 편하게 지내고 싶다.'는 생각으로 세미리타이어를 선택했다면, 현재 투자도 비즈니스도 이렇게 성공하지 못했을 것이다.

PART 6

주식 투자로
두 배를 버는 사람,
못 버는 사람

    자기투자로 '돈을 많이 버는 사람'이 되었다면, 이제는 본격적으로 투자를 해서 돈을 늘리는 방법을 생각해야 한다. 투자에도 여러 가지 방법이 있지만, 돈이 돈을 낳는 효과적인 방법에는 주식 투자와 부동산 투자가 있다. 그리고 이 방법은 세상 사람들이 흔히 말하는 투자 방법이다.

    주식이 되었든 부동산이 되었든 사람은 크게 '투자를 하는 사람'과 '전혀 투자를 하고 있지 않는 사람'으로 나뉜다. 그리고 후자의 경우는 투자를 전혀 알지 못하는 미지의 세계 혹은 나와 전혀 관계가 없는 세계라고 생각할지도 모르지만, 꼭 그렇지만은 않다.

투자는 1천 원으로 산 주식이 2천 원이 되고, 가끔은 10만 원이 되기도 한다. 그러나 0원이 되는 위험도 있기 때문에 투자에 성공하기 위해서는 올바른 지식이 필요하다.

투자에 대한 지식을 쌓고 나의 목적에 맞는 투자 방법을 선택하면, 투자는 우리의 인생을 빛나게 만들어 주는 든든한 내편이 되어 줄 것이다.

주식 투자는 앞에서도 설명했듯이 기업에 대한 투자이다. 그러나 그 실태는 '주식'이라는 기업의 분할된 소유권을 돈으로 구입하는 행위이다.

그 세분화된 소유권의 가치주가가 변동함에 따라서 이익을 얻을 수도 있고 손해를 볼 수도 있기 때문에 주식에 성공할지 실패할지는 기업의 실적에 달려 있다고 말할 수 있다.

그렇기 때문에 주식 투자로 수익을 얻기 위해서는 기업뿐만이 아니라 업계 전체의 상황과 경제의 움직임 등 모든 요소를 이해해야만 한다. 즉, 비즈니스를 알지 못하면 투자로 성공하기는 어렵다.

또한, 앞에서도 말했듯이 주식 투자의 평균 연이율은 7퍼센트 정도이다. 즉, 1천만 원으로 주식을 구입해도 1년에 1천7십만 원

《주식 투자와 트레이드의 차이》

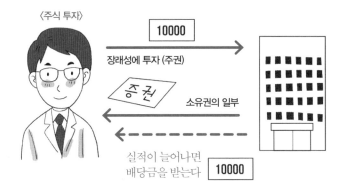

〈주식 투자〉

10000

장래성에 투자 (주권)

증권

소유권의 일부

실적이 늘어나면
배당금을 받는다   10000

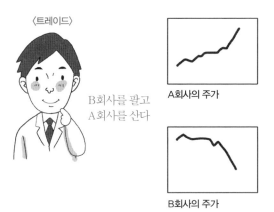

〈트레이드〉

B회사를 팔고
A회사를 산다

A회사의 주가

B회사의 주가

밖에 되지 않는다는 뜻이다.

확실히 1년에 급격한 성장을 보이고 주가가 큰 폭으로 오르는 기업도 있지만, 동시에 갑자기 실적이 악화되어 주가가 폭락하는 기업도 있다.

폭락과 파탄의 위험을 감수하면서까지 연 7퍼센트의 이익을 얻으려고 돈을 투자하는 것이 '주식 투자'이다. 그러나 솔직하게 말해서 이 주식 투자는 소액의 돈을 늘리는 데에는 그다지 효과가 없다.

또한, 자본금이 5억 원 이상이 되지 않으면 기업의 성장을 기대하는 '주식 투자'는 하지 말아야 한다고 나는 생각한다.

그러면 어떻게 해야 좋을까. 그것은 '트레이드'를 하는 것이다.

주식 투자란 그 회사의 가치와 장래성에 자금을 지불하는 방법이다. 한편, 한편 트레이드는 주가의 변동에 주목해서, 그 시장에 참가한 사람들이 주식을 구입하고 판매하는 상황과 심리를 고려해 그것을 도와주면서 이익을 올리는 방법이다.

트레이드는 주식 투자에 비해서 경기에 거의 영향을 받지 않으며, 내려가는 상장으로 이익을 올리는 것도 가능하다. 그렇기 때문에 경기가 좋지 않으면 이익을 얻지 못하는 주식 투자에 비해서 수익을 얻을 기회도 많고, 연간 이익도 주식 투자에 비해서 몇 배 또는 몇 십 배가 될 가능성이 있다.

만약 주가가 오를 거라고 예측되면 주식을 구매하고, 실제로 그 주식이 오르면 되팔면 된다. 반대로 주식이 내려갈 거라고 예측되면 공매를 하고, 실제로 그 주식이 내려가면 다시 구입하면 된다. 이것을 반복하는 것이 '트레이드'이다.

어쩌면 도박과 같다는 인상이 들지도 모르지만, 투자 관리를 확실하게 하면, 기대치가 높은 주식을 사고파는 방식으로 주식 투자보다 안전하게 자금을 충분히 늘릴 수가 있다.

그리고 트레이드는 자금이 2천만 원만 있더라도 충분히 돈을 늘릴 수가 있다.

그러나 2천만 원도 큰 자금이라고 생각하는 사람이 있을지도 모른다. 그러한 사람들은 우선 자기투자를 통해서 돈을 버는 것이 우선이다.

가장 중요한
금리 이야기

주식과 비슷한 것 중에 하나로 채권이라는 것이 있다. 종종 들어본 말로는 주식보다 친숙하지 않을지도 모른다.

채권도 주식과 마찬가지로 국가나 기업이 자금을 모으기 위해 발행한 것이다. 그러나 채권은 구입한 시점에서 '언제, 얼마의 수익을 얻을 수 있을지' 약속된다. 그 점이 채권과 주식의 큰 차이점이다.

이를테면 '금리 1퍼센트의 10년물'이라는 채권이 있다. 이것은 10년 동안 돈을 빌려주는 대신에 매년 1퍼센트의 이자를 받는 채권이다. 물론, 빌린 돈은 10년 후에 전액 돌려받을 수 있다. 이것이 채권의 구조이다.

공공기업뿐만이 아니라 국가나 지방자치단체가 발행할 수 있다는 점도 채권의 큰 특징이다. 그러나 아무리 매해 이자가 약속되어 있어도 발행한 기업이 없어지면 그 채권의 가치는 제로가 되고, 빌려준 돈도 전액 돌려받지 못한다.

국가나 지방자치단체도 파산할 우려가 있어서 채권의 위험성이 제로라고는 단언할 수 없지만, 국가나 지방자치단체가 발행한 채권이라면 백지화될 확률은 매우 낮다. 또한, 어떠한 징조도 없이 국가가 갑자기 파산하는 일은 우선 거의 없다.

그렇게 생각하면 채권이란 매우 확률이 높은 매력적인 투자처럼 생각될 것이다. 그리고 왜 많은 사람들이 확률이 높은 매력적인 투자임에도 채권을 구입하지 않는지 의문이 들 것이다. 그것은 바로 채권의 금리가 그다지 높지 않기 때문이다.

채권의 금리는 중앙은행한국의 경우는 한국은행, 미국의 경우는 FRB의 정책금리라는 것에 영향을 받는다.

경기가 좋지 않을 때에는 정책금리가 내려가서 중앙은행은 민간은행에게 낮은 금리로 돈을 빌려준다. 그러면 기업이 민간은행에서 자금을 빌릴 경우에도 낮은 금리로 돈을 빌린다. 이렇게 해서 전 세계로 돈의 유동성이 높아진다.

이러한 이유로 지금 우리나라의 정책금리는 마이너스 금리가 되어버렸다. 따라서 현재 우리나라에서 발행하는 국채도 10년물에 0.05퍼센트 정도의 금리밖에 되지 않는다. 10년물 국채를 1천만 원 구입하면 10년 동안 매해 5천 원의 이자를 얻을 수 있다는 계산이 나온다.

그러나 국채는 정기예금과 달리 국채 자체를 매매할 수도 있다. 금리가 지금보다 낮아지면 금리 0.05퍼센트의 채권의 가치는 내려가고, 유통가격은 10만 원보다 높아진다.

이렇듯 채권은 금리와 밀접한 관계가 있기 때문에 어렵게 느껴질지도 모른다. 그러나 금리는 주가는 물론이고 은행의 정기예금에도 영향을 미친다. 즉, 금리는 돈의 흐름을 좌우하는 중요한 요소이다.

따라서 국채를 소액이라도 구매하면 금리를 이해하는 데에 매우 좋은 공부가 된다. 게다가 주식은 인플레이션에 강한 데에 비해 국채는 디플레이션에 강한 성질을 가지고 있다. 그렇기 때문에 인플레이션과 디플레이션 양 방향을 두루 갖춘 상품을 구매하는 방법을 추천한다.

말할 것도 없이 여기에서는 국채와 금리에 대해 간단하게 설명했다. 아무리 위험성이 낮다고는 해도 지식도 없이 돈을 투자해서는 안 된다. 공부를 하면서 조금씩 투자해야 한다는 사실을 잊지 말기 바란다.

지금은 주식도 채권도 인터넷으로 손쉽게 구입할 수 있는 시대가 되었다. 처음부터 거액을 투자하는 것은 물론 위험하지만, 손해를 볼 걱정에 아무 것도 시작하지 않으면 돈은 평생 늘어나지 않는다.

부동산 투자는
20대부터 시작한다

주식과 국채를 조합해서 구매하는 일은 금리를 이해하는 데에도, 위험성을 분산시키는 데에도 매우 유용하기 때문에 많은 사람들이 반드시 직접 경험해 봐야 하는 방법이다. 그리고 여기에 부동산을 조합하면 무적이 된다.

부동산 투자는 투자 중에서도 안전도가 높은 투자이다. 왜냐하면 부동산은 큰 천재지변이 일어나지 않는 한 가치가 보존되는 자산이기 때문이다.

또한 부동산 투자는 장기간 자산 가치가 보장되는 투자이다.

게다가 부동산을 소유하는 기간이 늘어나면 늘어날수록 그 위험성은 줄어든다. 그렇기 때문에 젊은 사람일수록 부동산 투자를 생각해야 하고, 부동산 투자에 들이는 시간이 길면 길수록 얻어지는 수익도 커진다는 사실을 기억해야만 한다.

부동산 투자에는 주로 두 가지 전략이 있다. 하나는 현금으로 투자하는 전략이고, 또 하나는 대출을 받는 전략이다. 이 두 가지 전략에는 각각 특색이 있기 때문에 목적에 맞게 사용하면 매우 유효하다.

여기에서는 대출을 사용하는 전략이 아니라, 현금으로 착실하게 미래의 자산과 수입을 만드는 전략에 대해 구체적으로 설명하겠다.

우선 현금으로 안전하게 부동산 투자를 할 경우에는 인기 있는 지방도시에 3천만 원 정도의 물건부터 시작하는 것이 좋다. 그다지 알려지지 않은 사실이지만, 3천만 원을 투자해서 연이율 10퍼센트나 20퍼센트를 얻을 수 있는 물건은 많이 있다.

구입 자금은 3년 동안 매해 1천만 원씩 모으겠다는 계획을 세우는 것이 좋다. 자금을 모으는 동안에는 부동산 공부를 하거나, 좋은 물건을 찾아다니는 방법을 추천한다.

연간 1천만 원을 모으는 것은 매우 힘들지도 모르지만, 이 투자 방법에는 그 이상의 큰 보상이 주어진다. 현금으로 부동산을 구입하면, 그 물건은 구입한 순간부터 우리에게 안정적인 부를 가져다주는 자산이 된다. 또한, 부동산을 탄탄하게 운용하면 그 자산은 몇 십 년이나 계속된다.

우선은 오른쪽의 표를 참고하길 바란다. 매해 1천만 원을 저금한 경우와 3년에 한 번씩 부동산에 3천만 원을 투자한 경우의 시뮬레이션이다. 알기 쉽게 계산하기 위해 세금 등은 생략했다.

현금으로 매년 1천만 원을 저금하면 21년 후에 2억1천만 원이 모아진다. 물론 이자가 생기지만 '수입'이라고 부를 수 없을 정도로 낮은 금리일 것이다.

한편, 매년 1천만 원을 준비하고 3년에 한 번씩 부동산을 구입하면 21년 후의 부동산 자산액은 5억2천6백2십만 원이 된다. 그리고 그 자산에서 매년 5천2백6십만 원의 임대수익을 얻을 수가 있다.

구체적으로 3천만 원으로 부동산 물건 하나를 구입했다고 하자. 연간 이율은 10퍼센트로 임대수익으로 매년 3백만 원을 얻을 수 있다. 그러면 매년 저금한 돈 1천만 원에 더해서 임대수익 3백만 원이 모인다.

맨 처음 부동산을 구입한 후 3년이 지나면 총 3천9백만 원이

년수	저금		임대수익	부동산자산액	소유물건
1	1,000만 원				
2	1,000만 원				
3	1,000만 원	3,000만 원의 물건을 산다			
4	1,000만 원		300만 원	3,000만 원	1채
5	1,000만 원		300만 원		
6	1,000만 원	3,900만 원의 물건을 산다	300만 원		
7	1,000만 원		690만 원	6,900만 원	2채
8	1,000만 원		690만 원		
9	1,000만 원	5,070만 원의 물건을 산다	690만 원		
10	1,000만 원		1,190만 원	1억1천970만 원	3채
11	1,000만 원		1,190만 원		
12	1,000만 원	6,570만 원의 물건을 산다	1,190만 원		
13	1,000만 원		1,850만 원	1억8천540만 원	4채
14	1,000만 원		1,850만 원		
15	1,000만 원	8,550만 원의 물건을 산다	1,850만 원		
16	1,000만 원		2,700만 원	2억7천90만 원	5채
17	1,000만 원		2,700만 원		
18	1,000만 원	1억1천100만 원의 물건을 산다	2,700만 원		
19	1,000만 원		3,810만 원	3억8천190만 원	6채
20	1,000만 원		3,810만 원		
21	1,000만 원	1억4천430만 원의 물건을 산다	3,810만 원		
	저금 2억1천만 원		연봉 5,260만 원	순수자산 5억2천620만 원	소유 부동산 7채

이 저금은
6년이면 없어진다.

이 자산은 매년 5천만 원을
낳고 줄어들지 않는다.

모이게 된다(1천만 원×3년+집세 수입3백만 원×3년). 여기에서 3천9백만 원으로 이율 10퍼센트의 물건을 또다시 구입할 수 있다. 그러면 3천만 원의 물건과 3천9백만 원의 물건에서 3백만 원과 3백9십만 원의 임대수익을 얻을 수 있고, 매해 얻어지는 임대수익은 합계 6백9십만 원이 된다.

계속해서 매해 1천만 원씩 저금을 하고 6백9십만 원의 임대수익을 더하면 3년 후에는 5천7십만 원의 돈이 생긴다. 5천7십만 원을 자본으로 이율 10퍼센트의 물건을 구입하면 연간 임대수익으로 5백만 원이 추가된다.

이렇게 하다 보면 12년 후에는 소유 부동산 4채, 임대수익은 연간 1천8백5십만 원이 된다. 게다가 부채는 전혀 없다. 더욱이 3년 후에 또다시 물건을 구입하면 부동산 5채, 임대수익은 2천7백만 원이 된다. 게다가 3년 후에 부동한 1채를 더 구입하면 물건은 총 6채가 된다.

이렇게 해서 21년 후에는 5억2천6백2십만 원의 순수자산과 연간 5천2백6십만 원의 임대수익이 생긴다.

연간 5천2백6십만 원의 임대수익이 생기면 세미리타이어도 꿈은 아닐 것이다. 큰 사치는 부릴 수 없을지 몰라도 일반적인 생활

수준이라면 문제없고, 내가 가진 부동산 중에 한 곳에 살면 임대 수익은 줄어들지만 반대로 내가 지불하는 임대료는 0원이 된다.

부동산 투자라고 하면, 대출을 받아서 물건을 구입한 후에 매매를 반복하면서 돈을 버는 이미지가 떠오를 테지만, 그것은 어디까지나 하나의 방법에 지나지 않는다. 부동산 투자에는 시간을 들여서 현금으로 물건을 구입하는 멋진 방법도 있다.

부동산 투자에는 대출을 받는 장점도 있지만, 현금으로 물건을 구입할 때의 장점도 있기 때문에 각각의 장점을 이해해서 도전해 보면 좋다. 부동산 투자는 누구나 할 수 있는 투자 방법이지 무서운 머니게임이 아니다.

그리고 만약 지금 자본금이 3천만 원 있다면 주식 트레이드가 나에게 맞는지, 부동산 투자가 나에게 맞는지 꼭 검토하길 바란다.

우리에게는 분명
한계가 있다

지금까지의 이야기를 정리해 보면, 우선은 자기투자를 통해서 돈을 많이 버는 사람이 되고, 그 돈으로 주식이나 부동산 등을 공부한 후에이것도 자기투자 주식이나 부동산을 실제로 구입마침내 투자하자는 순서였다.

그러나 이미 이 순서대로 투자를 하는 사람도 많이 있다. 요약하면, 일을 열심히 해서 돈을 벌고, 충분히 공부한 후에 주식 투자나 부동산 투자를 시작하자는 것이기 때문이다. 그러나 만약 충분한 결과가 나오지 않았다면 무엇이 부족해서일까?

그 하나의 이유는 자기투자가 부족해서라고 말할 수 있다.

한 가지 일보다 열 가지 일을 잘하는 사람이 당연히 돈을 더 많이 벌 수 있다. 또는, 평균적인 프로보다도 톱클래스의 프로가 돈을 많이 벌기 쉽다.

즉, 지식과 경험과 기술을 더 많이 터득해서 돈을 더 많이 버는 사람이 되어야 한다. 회사를 직접 운영하는 등 돈을 버는 길은 충분히 많이 있다.

이렇게 내가 활약할 수 있는 장소가 늘어나면 돈을 벌 수 있게 되는 것뿐만이 아니라 사람, 물건, 돈이라는 자원도 더 많이 손에 넣을 수가 있다. 그리고 그 자원들을 활용하면 더욱더 많은 수익을 얻을 수 있다.

하지만, 자기투자에는 한계가 있다.

자기투자는 근력운동과 같다. 잠깐 노력한다고 해서 근육질 몸매가 되지는 않는다. 만족할 수 있는 수준이 될 때까지는 시간도 돈도 많이 든다. 그리고 반드시 기대한 목표에 도달하지 못할지도 모른다.

자기투자에 가장 부족한 것은 시간이다. 능력은 노력에 따라서 높아지지만, 하루라는 시간은 누구에게나 똑같이 24시간이고, 영원히 사는 것은 불가능하다. 아무리 인생이 길게 남았더라도 혼자 배우는 데에는 한계가 있다.

그렇기 때문에 자기투자에는 한계가 있고, 그것은 다시 말해 내 시간의 한계라고 말할 수 있다.

그래서 어느 정도 자기투자를 했다면, 그 다음은 나 이외의 것에 투자를 해야만 한다.

주식이나 부동산을 구입하는 이유도 그러하다. 지금까지 본 것처럼 주식과 부동산은 '자기투자에 비해 얻을 수 있는 수익은 크지 않지만, 그 확률은 매우 높은' 성질이 있는 투자이다. 또한, 부동산이나 주식은 한 번 구입하면 내가 직접 움직이지 않아도 저절로 그 가치가 생긴다는 장점도 있다.

그리고 사람에게 투자하는 방법도 있다. 사람에게 투자하는 것은 부동산 투자나 주식 투자와는 반대로 '확률은 낮지만, 얻어지는 수익은 매우 높다.'고 말할 수 있다.

사람이라는 것은 경제 이상으로 예측하기가 어렵다. 아무리 많은 돈을 투자해도 기대에 못 미치게 끝나버리는 위험성도 크다. 사람을 고용하는 경우에도, 일을 잘하는 사람과 잘하지 못하는 사람은 하늘과 땅 차이이다. 그러나 사람 투자에는 무한한 가능성도 숨어 있다.

그러므로 주식과 부동산으로 자산을 늘리는 것에 맞춰서 사람에게 투자하는 방법도 생각해야 한다. 그것에 따라서 우리가 활용할 수 있는 자원이 단숨에 넓어지기 때문이다.

우선은 자기투자로 돈을 많이 버는 사람이 되어야 한다. 자기투자로 확실히 배운 후에 주식과 부동산을 구입해야 한다.

그리고 자기투자의 시간을 늘려 돈을 더 많이 버는 사람이 되어야 한다. 동시에 나 이외의 다른 사람에게 투자해서 보다 큰 수익을 노려야 한다.

이것이 부자가 되는 높은 확률의 지도이다.

한계를 넘어
수입을 늘리는 방법

　사람에게 투자하라고 하면 대기업 사장과 후원자 같은 이미지가 떠오를지도 모른다. 또는, 누군가를 도와주는 봉사활동이 떠오를지도 모른다. 그러나 이 말은 돈을 많이 번 후에, 그 돈을 다른 사람에게 나눠주어야 한다는 이야기가 아니다.

　다른 사람에게 투자를 하는 최대의 매력은 지렛대 효과이다. '지렛대 효과'란 적은 힘으로 큰 것을 움직이는 효과를 뜻한다.

　자기투자에는 한계가 있다. 이를테면 아무리 지식과 기술을 많이 배워도 결국 나라는 사람은 한 사람밖에 없다. 그렇기 때문에 활약할 수 있는돈을 버는 장소에도 한계가 있다.

사람에게 투자를 하면 내가 활용할 수 있는 지식과 기술이 늘어나고, 활약할 수 있는 장소도 넓어져서 '할 수 있는 일'이 늘어난다. 그것은 즉, 돈이 들어오는 입구가 넓어진다는 의미이다.

게다가 사람에게 투자하면 '시간'이라는 귀중한 자원을 손에 넣을 수 있다.

부자는 '시간'이라는 감각을 매우 소중하게 생각한다. 비용 대 효과언제까지 무엇을 얼마나 손에 넣을지도 소중하게 생각하지만, 그들은 항상 시간이 부족하다고 생각한다. 비즈니스든지 투자든지 실패하지 않도록 완벽하게 준비하려면 그에 상응하는 시간이 필요하기 때문이다.

그러므로 부자들은 시간을 손에 넣기 위해서 사람에게 투자를 한다. 나만이 할 수 있는 일을 누군가에게 맡기기 위해 돈을 쓴다.

사람에게 투자하는 일을 점점 발전시키면 사회라는 조직이 된다. 부자가 되기 위해 절대 빠트릴 수 없는 선택지가 '사업'이다. 그러나 사업을 한 번도 생각해 본 적 없다고 생각하는 사람도 있다.

하지만 보다 많은 돈을 벌기 위해서는 나 한 사람의 몸으로는 부족하다. 나 혼자 몸으로 돈을 버는 것보다 나를 대신해서 일해 줄 사람이 5명 있으면, 그 이외의 부분에 내 시간을 쓸 수가 있고 결과적으로 5배 이상의 수익을 얻을 수 있다.

내가 1만 시간 공부해서 전문가가 되는 것보다, 전문가 친구를 사귀거나 다른 사람과 힘을 합치는 방법이 더욱 효율적이다. 이것이 다른 사람의 손을 빌려서 나의 시간과 돈을 낳는 사고법이다.

다만, 모든 것을 다른 사람에게 맡기는 것이 아니라, 내가 앞으로 어떤 전문가가 되어 어떠한 자원을 제공할 수 있을지 생각하는 자세도 매우 중요하다.

또한, 가치를 판단할 수 있는 수준이 되려면 나 역시도 지식이 있어야 한다. 다른 사람에게 무언가를 맡기려면 그 사람보다 뛰어난 지식을 가져야 하기 때문이다.

사람에게 투자하는 방법은, 주변 사람을 기쁘게 만들어 주겠다는 시점을 가지는 것이다. 아무리 고급 레스토랑이라도 누군가를 초대하면 낭비가 아니라 투자가 된다는 이야기를 앞에서도 했다. 내가 즐기는 것이 아니라 누군가를 기쁘게 해 주겠다는 마음이 '사람 투자'로 이어진다.

그러나 일방적으로 다른 사람의 기쁨만을 생각할 필요는 없다. 내가 기쁘다고 생각하고 즐겁다고 생각하는 것에 다른 누군가를 초대하면 된다. 즉, 우선은 내가 먼저 만족을 해야 한다.

투자란 다른 사람을 기쁘게 만들어 주는 행위라고 생각한다면 돈이 없어도 투자할 수 있다. 하지만 그 기쁨으로 얻는 수익은 계산할 수 없을 정도로 크다.

그 후에는 역시 다양한 자기투자를 통해서 사람의 자세를 배우고, 다른 사람이 보았을 때 매력적인 사람이 되어야 한다. 그렇지 않으면 아무도 나를 위해 일해 주지 않는다. 그리고 신뢰관계를 쌓는 것도 매우 중요한 투자이다.

사람에 대한 투자는 활용할 수 있는 자원을 늘리고, 시간을 돈으로 사는 투자 방법이다. 사람에 대한 투자로 얻을 수 있는 수익은 무한대이다. 이 투자는 결국 돈이 늘어나는, 돈 쓰는 방법이라고 말할 수 있다.

{ 다케마츠 스토리 }
Takematsu's story

3

10억 선수들의 세계를 노리자

나는 고등학교 시절에 야구만 하고 공부는 뒷전으로 미뤄놨기 때문에 성적이 그다지 좋지 않았다. 그러나 당시 야구를 지도해 주었던, 정신 집중 훈련의 권위자인 니시다 후미오 선생이 말한 대로 실천하자 성적이 올라갔다. 공부를 시작한 지 6개월 만에 지망하던 대학인 지바 대학 공학부에 합격했다.

이 일은 단순한 이야기이지만 '지식을 배우면 인생이 바뀐다.'는 귀중한 경험이 되었다. 그 경험을 바탕으로 나는 무언가 어려운 일에 직면할 때면 자기 계발서나 비즈니스 도서를 읽고 강연을 들으면서 더 많은 것을 배우기 위해 노력하게 되었다. 나같이 평범한 사람도 필요한 지식을 배우면 결코 평범하지 않는 결과를 얻을 수 있다는 사실을 경험을 통해 배웠기 때문이다.

나는 일류 야구선수처럼 높은 연봉을 받고 싶었지만, 일반기업과 보통 비즈니스 세계에서는 그러한 연봉을 받을 확률이 매우 낮다는 사실을 알았다. 그러나 실제로 연봉 몇 십 억을 받는 사람도 존재한다. 그 사람들이 실천하는 것을 알면 나도 몇 십 억의 연봉을 받을 수 있지 않을까. 그러한 생각을 가지고 오로지 나에게 투자를 하겠다는 마음으로 많은 것을 배우고 실천했다.

그러던 중에 웹사이트 세계는 아직 좁다는 사실을 깨달았고, 그곳에서 활약하는 내가 되자고 마음먹었다. IT기업에서 영업을 담당했고, 심리학을 접목한 마케팅 일에 보람을 느꼈기 때문에 그것을 활용하자고 생각했다.

구체적으로는 웹사이트와 메일을 통해 사람들의 마음을 사로잡는 프로모션을 만들어서 상품 판매에 직접적 공헌을 했다. 상품을 판매하기 위한 문구를 만들거나 콘텐츠를 만들기도 했다. 그러한 것을 제공하면서 상품의 판매를 늘렸고, 그 늘어난 판매액의 일부를 보수로 받았다. 나는 그러한 비즈니스를 통해서 많은 돈을 벌었다.

물론, 더욱더 실력을 쌓기 위해 공부도 계속했다. 나만이 할 수 있는 가치를 크게 만들면 만들수록 더 많은 대가를 얻을 수 있다는 사실을 알았기 때문이다. 결국 중요한 것은 어떠한 내가 되고 싶은지였다.

　내가 프로 야구선수를 동경한 것은 단순히 그들의 생활이 멋있어 보였기 때문이다. 그러나 지금은 보다 많은 사람들에게 가치를 제공해서, 보다 많은 사람들에게 기쁨을 주는 사람이 되고 싶다. 그러기 위해서 자기투자를 통해 필요한 것을 배우고, 그 배움을 가치로 전환시켜서 돈을 번것이다. 그리고 사람들에게 기쁨을 주기 위해 부동산 등의 투자도 시작한것이다.

PART 7

사람은 무엇 때문에
돈을 쓸까?

　사람에게 투자하면 또 하나 중요한 사실을 깨닫는다. 그것은 모든 돈은 누군가가 가지고 있었던 것이라는 사실이다.

　어떠한 종류의 어떠한 비즈니스라도 돈은 고객에게서 들어온다. 회사끼리 움직이는 비즈니스라도 그 근원을 더듬어 보면 반드시 누군가의 돈에서 시작된다. 그것이 돌고 돌아 월급이라는 형태로 지급된다.

　즉, 내가 가진 돈은 모두 누군가가 사용한 돈이다. 돈에는 날개가 없다. 돈은 항상 누군가가 가졌던 것이다. 그렇기 때문에 돈을 많이 모으는 것보다 사람을 많이 모으는 편이 부자가 되는 지름길이다.

그리고 돈을 더 많이 쓰자는 것은 나뿐만이 아니라 다른 사람에게도 해당된다. 즉, 다른 사람들이 나에게 돈을 많이 쓰도록 만들어야 한다.

우리가 회사원이든지 경영자이든지 간에 반드시 사람들이 만족하고, 돈을 많이 쓸 수 있도록 만들어야 한다. 아무리 좋은 상품이거나 좋은 서비스라도 그것에 돈을 쓰는 사람이 없다면 돈을 벌 수 없기 때문이다.

그러면 사람은 어떠한 것에 돈을 쓰는지 의문이 들 것이다.

사람은 왜, 무엇을 위해서 돈을 쓸까. 약간은 철학적인 질문처럼 들릴지도 모르지만, 일반적인 상황으로 생각하면 알기 쉬울 것이다. 즉, 사람은 무언가를 '구입'할 때에 돈을 쓴다.

그렇기 때문에 이렇게 바꿔 질문할 수 있다. 왜 그것을 사는 것일까?

'가지고 싶으니까.'라는 당연한 대답이 떠오를 것이다. 그러면 왜 그것을 가지고 싶은 것일까? 그것을 구입하는 목적은 도대체 무엇일까?

알기 쉽게 집으로 생각해 보자. 집을 구입하는 이유는 가족과

《왜 집을 사는 걸까?》

우리가 정말 원하는 것은 감정이다

편안하게 살기 위해서, 이사를 가고 싶지 않아서, 내 집을 가지고 싶어서, 부모님과 함께 살기 위해서 등등 그 목적에는 확실한 이유가 있다. 그렇게 생각하면 단순히 '집'을 원하는 것이 아님을 알 수가 있다. 집을 구입하는 진짜 목적은 가족과 편안하게 살고 싶어서이다.

즉, 사람이 돈으로 구입하고 싶은 것은 '기분'이고 '감정'이다.

다른 것도 마찬가지이다. 이를테면 볼펜 하나도 마찬가지이다. 왜 그것을 사고 싶은지 물어보면 '필요하니까.'라는 대답이 돌아올 것이다. 그러나 그것이 왜 필요할까? 업무적으로 써야 하니까? 확실히 그럴지도 모른다.

그러나 업무적으로 사용하는 것이 목적이라면 딱히 돈을 주고 구입할 필요는 없을지도 모른다. 극단적으로 말하면 필요할 때마다 누군가에게 빌리면 된다. 그러나 그것이 귀찮기도 하고, 볼펜 하나도 사지 않는 치사한 사람처럼 보일까 봐 볼펜을 구입하는 것이다.

사람이 돈을 쓰는 이유는 다음과 같은 4가지 감정 때문이다.

• 안심 … 살아가기 위해 돈을 쓴다.

- 공감 ⋯ 사랑하기 위해 돈을 쓴다.
- 성장 ⋯ 배우기 위해, 경험하기 위해 돈을 쓴다.
- 공헌 ⋯ 자기 만족감을 채우기 위해 돈을 쓴다.

집을 구입하는 목적이 '가족과 편안하게 살기 위해서'라면 그것은 '공감'이라는 감정을 얻기 위해서라고 말할 수 있다. 또한, '이사를 가기 싫어서' 집을 구입한 것이라면 그 목적은 '안심'이 될지도 모르고, '자기 만족감' 때문에 집을 구입하는 것일지도 모른다.

업무적으로 쓰기 위해 볼펜을 사는 행위도 '안심', '자기 만족감', 혹은 '성장'이라는 감정이 목적일지도 모른다. 여하튼 무엇을 구입하든지 그것에 따라서 가지고 싶은 감정은 사람마다 다르다.

중요한 것은 사람이 돈을 쓰는 진짜 이유는 물건을 가지고 싶어서가 아니라 감정을 얻고 싶어서이다.

우리가 정말
원하는 것

돈을 잘 쓰기 위해서는 '원하는 감정'이 무엇인지 아는 것이 중요하다. 그 감정을 알지 못하면 아무리 물건을 많이 구입해도 마음이 채워지지 않기 때문이다. 그리고 감정을 알지 못한 채 물건을 구입하는 행동은 돈 낭비로밖에 이어지지 않는다.

사람이 돈으로 얻고 싶은 감정이란, 바꿔 말하면 불만이나 불쾌감을 해소하는 감정이다.

'안심'은 '불안'을 해소하는 감정이다.

'공감'은 '외로움'을 해소하는 감정이다.

'성장'은 '정체'를 해소하는 감정이다.

'공헌'은 '열등감'을 해소하는 감정이다.

사람은 이러한 패배감을 해소하기 위해 돈으로 무언가를 구입한다. 그러나 반대로 무언가를 구입해서 이러한 감정들을 해소하려는 것일지도 모른다.

이 4가지 감정 중에 해당되지 않는 소비도 있을 거라고 생각할지도 모른다. 그러나 언뜻 보이게는 이 4가지 감정에 해당되지 않을 것 같은 소비라도, 그 이유를 추궁하면 이 감정 중의 하나에는 반드시 해당된다.

이를테면 집을 구입하는 경우라면 3층집, 마당이 넓은 집, 인테리어가 잘 되어 있는 집 등 모든 선택지에 마음이 끌릴 것이다.

그러나 마당이 넓어도 전혀 관리가 되지 않아 방치되어 있는 듯한 집들도 많이 있다. 그러한 낭비를 피하기 위해서라도 '왜 가지고 싶은지?' 반복적으로 생각하면서 내가 정말 원하는 감정을 알아가는 것이 중요하다.

마당이 넓은 집을 원하는 이유가 '친구들을 초대해 파티를 열고 싶어서'라면 그 목적에 따라서 어떠한 감정을 원하고 어떠한 불안을 해소하고 싶은지 스스로에게 물어봐야 한다. 만약 '외로움'을 해소하고 '공감'을 얻고 싶다면 거실이 넓은 집이 적당할지도 모른다.

그러나 외로움이 아니라 친구들에게 넓은 마당을 보여주면서 '자랑'을 하고 '열등감'을 없애고 싶다면 마당이 넓은 집을 구입한 후에도 관리를 잘 해야 한다는 사실을 잊어서는 안 된다. 관리를 할 수 없다면 역시 거실이 넓은 집이 적당할 것이다.

'내가 원하는 감정'을 끝까지 파고들면 무엇이 그 감정을 방해하고 있는지 알게 되어서 다른 선택지에 눈이 향한다. 그러면 낭비가 줄어들고 보다 현명하게 돈을 쓸 수 있다.

이것은 나에게만 한정된 이야기가 아니다. 앞에서도 말했듯이 내가 '번 돈'은 누군가가 '쓴 돈'이다. 그렇기 때문에 누군가의 지갑을 열게 하고 싶으면 그 사람이 '원하는 감정'을 알아낸 후에 그것을 제공하면 된다.

이것은 비즈니스의 기본이라고도 말할 수 있다. 그러나 비즈니스 이외의 인간관계에 있어서도 마찬가지이다. 돈이 없어도 사람에게 투자할 수 있는 이유가 여기에 있다.

사실 사람이 원하는 것은 돈이 아니다. 사람은 '안심', '공감', '성장', '공헌'이라는 감정을 원한다. 그리고 '불안', '외로움', '정체',

'열등감'이라는 감정에서 벗어나고 싶어 한다. 그렇기 때문에 그러한 감정을 만족시켜 주면 충분한 수익을 얻을 수가 있다.

이를테면 영어를 공부하기 위해 유학을 가고 싶지만 그럴 만한 돈이 없는 친구가 있다면, 대신해서 돈을 내줄 수는 없지만 영어를 잘하는 친구를 소개시켜 줄 수는 있다. 그렇게 하면 친구는 '성장'을 얻고, 언젠가 나에게 보답을 해 줄지도 모른다.

아무리 돈을 많이 가지고 있어도 내가 원하는 감정을 알지 못하면 마음은 채워지지 않는다. 반대로 내가 원하는 감정이 무엇인지 알면 반드시 부자를 목표로 하지 않아도 된다.

부자가 되겠다는
열망을 가져보기

내가 원하는 감정을 알면 반드시 부자를 목표로 하지 않아도 된다고 말했다. 그래도 나는 꼭 부자가 되고 싶다고 생각하는 사람도 있다.

그러한 사람들은, 사람이 감정을 위해 돈을 쓴다는 사실을 이해하기는 하지만, 돈만 있으면 어떠한 감정도 손에 넣을 수 있다고 생각한다. 그래서 부자가 되고 싶은 그들의 마음은 변하지 않는다.

확실히 돈은 모든 것에 유효하게 작용되는 귀중한 '자원'이다.

그러므로 돈은 어차피 '도구'에 지나지 않는다.

한 번 더 돈과 칼을 비교해 보자. 돈과 칼은 모두 유용한 도구이고, 다양하게 쓸 수 있는 도구이다. 사용하는 방법에 따라서 사람의 인생을 크게 좌우한다는 점도 비슷하다. 이처럼 돈과 칼은 귀중하게 써야만 하는 도구이다.

어쨌든 부자가 되고 싶다는 것은 즉, 어쨌든 돈을 많이 가지고 싶다는 의미이다.

그러나 친구가 어쨌든 칼을 많이 가지고 싶다고 말한다면 우리는 뭐라고 생각할까? '왜?', '뭐에다 쓰려고?', '하나면 충분하지 않아?', '그렇게 많이 가져서 뭐하려고?' 이러한 의문을 가질 것이다.

돈도 마찬가지이다. 무엇을 위해서 부자가 되고 싶은지, 번 돈을 무엇에 쓸 것인지, 정말 돈이 그렇게 많이 필요한지 등등 부자를 목표로 하는 이유를 모르면 그저 돈을 모으는 것밖에 하지 못한다.

부자가 되고 싶은 이유를 알려면 내가 무엇을 원하는지 그 감정을 아는 것이 우선이다. 부자가 되어서 무엇을 하고 싶은지, 어떠한 감정을 얻기 위해서 부자가 되고 싶은지 알아야 한다. 반드시 돈만 있으면 이떠한 감정도 손에 넣는 것은 아니다.

돈으로 모든 것을 해결할 수는 없다는 말을 자주 들어봤을 것이다. 그러나 그것보다도 '돈은 아무것도 해결해 주지 않는다.'고 말하는 편이 정확하다.

왜냐하면 결국 돈을 사용하는 것은 사람이기 때문이다.

돈을 은행에 쌓아 두는 것만으로는 아무것도 해결되지 않지만, 돈을 잘 쓰는 행동으로 피할 수 있는 불행은 있다. 그러나 돈 자체가 불행을 피해 주지는 않는다. 불행을 피할 수 있도록 돈을 써야 비로소 의미가 생긴다. 부자가 되고 싶다고 말하는 사람은 항상 '돈'에만 눈을 돌린다. 그들은 돈만 있으면 무엇이든지 다 할 수 있다고 진심으로 믿는다.

그러나 만화에서처럼 지폐와 금화로 가득 쌓인 방안에서 수영을 하는 것이 목적은 아니다. 아무리 돈이 많아도 사용하지 않으면 아무것도 얻을 수 없다. 그렇기 때문에 돈을 무엇에 쓸지, 어떻게 쓸지 진지하게 생각하는 것이 중요하다.

몇 번이나 말했듯이 돈은 도구이다. 그리고 사람은 그것을 사용하는 입장에 있다.

돈만 쫓으면 돈에 휘둘릴 수밖에 없다. 그러한 삶은 결코 행복하다고 말할 수 없고, 그러한 인생을 바라는 사람은 거의 없다.

부자와 풍족한 사람은 다르다. 진짜 부자는 풍족함을 목표로 하고, 돈뿐만이 아니라 사람부자, 물건부자를 목표로 한다.

우리는 어떠한 인생을 보내고 싶고, 어떠한 사람이 되고 싶은가. 그것을 위해서 돈이라는 도구는 어떠한 도움을 주는가, 돈을 어떻게 활용할 생각인가. 돈 잘 쓰는 방법을 터득한 지금, 꼭 한 번 다시 생각해 보길 바란다.

'죽은 돈'을
되살리자

돈은 쓰는 것이 가장 중요하다. 물론, 안심의 상징으로 저금이 있다는 사실은 부정하지 않는다. 그러나 돈을 쓰지 않고 모아만 두는 것이 우리의 행복과 직결될지는 의문이다.

쓰지 않고 모아만 두는 돈은 녹슨 칼처럼 도구로써 '죽은' 것과 같다.

물론, 노후자금이나 결혼자금 또는 집이나 자동차를 구입하기 위해 돈을 모으는 그러한 예금은 죽은 돈이라고 말할 수 없다. 그러나 모아 둔 돈이 많아야 안심할 수 있는 것도 아니다.

여기에서 우리의 기억을 더듬어 보았으면 한다. 한동안 사용하지 않은 은행계좌나 소액으로 조금씩 붙고 있는 적금, 잔액이 얼마나 남았는지 확실하게 알지 못하는 휴면계좌, 그러한 계좌는 누구나 다 가지고 있다. 그리고 그러한 계좌가 있다면 유감스럽지만 그것은 자고 있는 돈이 아니라 완전히 죽은 돈이다.

같은 도구라도 칼이라면 수집하는 데에 의미가 있을 수도 있지만, 특이한 지폐나 동전이 아닌 이상 돈은 수집하는 데에 의미가 없다. 이것은 문자 그대로 '썩은' 돈이다.

그러나 다행히도 생물과 달리 돈은 되살아난다. 여기에 괴상한 주문이나 신비한 약은 필요 없다. 계좌에서 벗어나 돈을 사용하는 방법뿐이다. 이것만으로도 숨이 되살아나 돈은 다른 곳에서 활용되는 소중한 자원이 된다.

지금까지 '돈 잘 쓰는 방법'을 이야기했기 때문에 반드시 '돈이 늘어나는 방법'을 실천해 보길 바란다.

가족이나 친구와 외식을 하는 것도 좋고, 가지고 싶었던 신발을 사는 것도 좋고, 무언가 배우기 시작해도 좋다. 돈을 어디에 쓰든지, 그것을 투자자기투자로 만들겠다는 의욕을 가지고 반드시 수익을 낳는 방향에 쓰길 바란다.

만약 2천만 원 이상의 죽은 돈이 있다면 망설이지 말고처음에는 조금 망설여지겠지만 주식 투자나 부동산 투자를 시작해 보길 바란다. 물론, 손해를 보지 않기 위해서는 반드시 공부도 해야 한다.

처음에는 돈을 쓰는 것에 저항감이 생길지도 모른다. 그러나 이 돈은 가지고 있어도 원래가 죽은 돈이다. 그대로 죽게 놓아두는 것보다 되살려서 자원으로 만드는 편이 수익이 될 가능성이 높다.

이를테면 나에게 직접적으로 수익이 생기지 않더라도, 세상에 돈을 되돌려 주는 것으로 누군가의 가슴을 따뜻하게 만들어 줄 수도 있다. 우리가 쓰는 돈은 이미 누군가가 번 돈이기 때문이다.

그렇게 생각하면 지금 내가 가진 돈은 '잠시 맡고 있는 돈'이라고 표현할 수도 있다. 지금은 일시적으로 내가 가졌지만, 그 돈을 쓰면서 다른 누군가에게 건네 주는 것이 사전에 결정되어 있기 때문이다.

돈을 소유로 생각하면 좀처럼 놓아버리기 어려울지도 모른다. 애써 내 것이 되었는데 어째서 다른 사람에게 건네야만 하는지 의문이 들 것이다. 그러나 그 돈은 원래 내 것이 아니었다.

돈은 그 누구의 것도 아니기 때문이다.

그렇기 때문에 돈의 본래의 의미인 '교환'이라는 가치가 발휘될 수 있도록 돈을 적극적으로 써야만 한다. 내가 쓰면 누군가가 받고, 그것이 다시 나에게로 되돌아온다. 돈은 움직여야 비로소 가치가 발휘된다. 교환하지 않는 돈은 그 가치가 발휘되지 않는다.

'상위 3퍼센트'의
사고를 가져라

이 책에서 소개하는 '돈 잘 쓰는 방법'이란 부자에게 있어서는 결코 특별한 방법이 아니다.

이 방법을 자연히 몸에 익힌 부자도 있지만, 누군가에게 어디에서 배운 후 몸에 익힌 부자도 있고, 어떤 계기로 알게 된 부자도 있을 것이다. 여하튼 그들은 이 방법을 딱히 의식하지 않고, 지극히 당연한 것으로 생각하고 행동한다.

그러면 부자가 아닌 사람들은 왜 그것이 불가능할까?

그 이유 중의 하나는 그러한 사고방식이 있다는 사실을 모르기 때문이다. 미안하지만 지금 학교에서는 '돈 잘 쓰는 방법'을 가르쳐 주지 않는다. 또한, 부모가 모르는 것을 자녀들에게 가르쳐 줄 수도 없다.

어렸을 때부터 돈은 도구라는 사실을 알아두는 것은 매우 중요하다. 그러한 사고가 돈을 쫓거나 돈에 휘둘리지 않고, 돈과 대등하게 마주하는 밑바탕이 되어 주기 때문이다.

그러나 우리는 지금 어린 시절로 되돌아가지 못한다. 이미 어른이 되어 버린 사람에게 해 줄 수 있는 교훈은 남들과 똑같이 생각하고 행동하면 절대 부자가 될 수 없다는 사실이다.

부자라고 말할 수 있는 평가는 여러 가지가 있지만, 땅과 건물 등 부동산을 포함하지 않은 금융 자산만 보면 10억 원 이상을 가진 세대는 전국에 그다지 많지는 않다.

연봉으로 볼 경우 10억 원 이상의 연봉을 받는 사람도 많지 않다. 주변의 99.9퍼센트의 사람들과 똑같은 감각으로는 연봉 10억 원을 벌 수 없다.

즉, 주변 사람들이 모두 부자인 특수한 환경이 아닌 이상 다른 대다수의 사람들과 똑같이 생각을 하고 똑같이 행동을 해서는 안 된다. 주변과 다른 것을 두려워하면 소수파인 부자가 될 수는 없다.

자주 전 세계의 80퍼센트의 부는 20퍼센트의 사람이 가지고 있다고 말하지만, 이것은 사람 수가 아니라 금액을 기초로 한 계산이다. 20퍼센트라면 나도 가능하겠다고 생각할지도 모른다. 그리고 실제로 전체 근로자의 약 10퍼센트가 연봉 6천만 원을 받고 있다.

6천만 원이라면 현실적으로 느껴질지도 모르고, 인생의 최종 목표가 연봉 6천만 원이 아닐지도 모른다.

그리고 이 책을 읽고 있는 독자들은 최종 목표가 연봉 6천만 원이 아니라 1억 원, 2억 원 5억 원 어쩌면 그보다 더 큰 목표를 세우고 있을지도 모른다.

최종 목표가 연봉 1억 원 이상이라면 전체 근로자의 3퍼센트 안에 들어야 한다. 상위 3퍼센트라면 반에서 1~2등을 하는 괴짜이거나 머리가 아주 좋은 수재라는 이미지가 떠오를 것이다.

즉, 부자는 그런 소수이기 때문에 일반 사람들과 똑같이 돈을 소중하게 대하라는 일반적인 상식을 가지지 않는다.

그들처럼 사람을 소중히 대하고, 물건을 소중히 대하고, 시간을 소중히 대하라고 생각하는 것이 부자가 되는 첫걸음이다.

일반적인 상식이 아니라 부자의 기준을 의식하길 바란다.

부자가 되는
지름길

주변 사람들과 다른 괴짜처럼 생각하는 것이 부자가 되는 귀중한 비결이지만, 그렇다고 해서 주변 사람들이 이해할 수 없는 행동을 하거나 그들이 싫어하는 일을 하는 것은 의미가 없다. 괴짜와 비호감은 전혀 의미가 다르다.

이 책에서 몇 번이나 말했듯이 사람은 소중한 자원이다. 사람에게 투자를 하면 내가 활용할 수 있는 자원이 늘어나는 것뿐만이 아니라 그 투자로 인해 무한한 가능성을 얻는다.

주변 사람들이 좋아하는 사람이 되라는 말은 당연하다. 결국 돈은 사람이 가져다 주는 것이라서 역시 호감 가는 사람이 되는 것이 중요하다. 사람들에게 사랑받는 비즈니스가 성공하고, 그 성공으로 인해 부자가 되기 때문이다.

그리고 부자가 되려면 무슨 일이든지 무보수로 하지 않는 것이 중요하다.

투자란 수익을 얻는 행위이다. 그리고 수익이 있어야 비로소 투자가 된다. 그렇기 때문에 사람에게 호감을 얻기 위한 투자도 수익을 기대해야 하고, 실제로 수익이 생겼을 때에는 그 수익을 고맙게 받아들여야만 한다.

투자한 사람은 그 수익을 받을 자격이 있기 때문이다.

그러나 이것은 반환을 기대하는 것과는 완전히 다르다. 반환에는 사람에게 호감을 주겠다는 목적이 빠져 있다.

사람이 돈을 쓰는 이유는 '안심', '공감', '성장', '공헌'이라는 감정을 손에 넣기 위해서이다. 이것은 어디까지나 돈을 써야 생기는 감정이지, 돈 자체에 감정이 생기는 것은 아니다.

돈을 도구로 생각하지 않는 사람은 돈 자체를 고맙게 생각한다. 그래서 누군가에게 돈을 쓰는 것을 그 고마움 감정도 함께 쓰는 거라며 아까워하고, 그 돈을 되돌려 받고 싶어 한다.

그러나 정말 고마운 것은 사람에 대한 마음이지 돈이 아니다.

사람에게 돈을 쓰는 것은 칼을 빌려주는 것과 마찬가지로 도구를 제공하는 것뿐이다.

돈을 너무 깊이 생각하고, 돈에 감정적으로 휘둘려서는 안 된다. 돈에 감정을 싣는다는 것은 돈에 휘둘린다는 증거이다. 이렇게 돈에 감정을 싣고 돈에 휘둘리다 보면, 돈에만 집중하게 되어서 사람이 보이지 않는다.

그러면 당연히 사람에게 호감을 얻지 못하고, 사람이라는 무한한 가능성의 자원을 늘릴 수 없다.

돈과 대등하고 건전하게 마주하라는 것은 돈을 쓰는 상대방과도 대등하고 건전하게 마주하라는 의미이다.

나는 칼을 많이 가지고 있으니까, 또는 상대방보다 좋은 칼을 가지고 있으니까 내가 더 많이 칼을 쓰겠다는 마음으로 돈을 쓰다 보면 사람들에게 호감을 얻을 수 있다. 이렇게 얻은 사람이라는 자원을 활용하다 보면 더 많은 수익을 얻는다.

돈을 잘 쓰는 방법은 돈을 도구로 생각하는 사고에 있다. 그리고 그 방법은 돈에서 해방되는 사고라고도 말할 수 있다. 조금 더 구체적으로 말하면 돈을 잊어버리는 사고이다.

왜냐하면 사람이 정말로 원하는 것은 마음속에 있는 감정이기 때문이다. 돈은 감정을 손에 넣기 위한 단순한 도구에 지나지 않는다. 돈이 아닌 다른 도구^{자원}를 사용해도 원하는 감정은 손에 넣을 수 있다.

부자가 되고 싶다면 돈을 잊어라.

현대의 지푸라기 부자

마지막으로 지금까지 한 이야기를 정리해 보겠다.

프롤로그에서 소개한 전래동화는 지푸라기 하나를 다른 물건으로 교환한 끝에 큰 집을 손에 넣은 한 청년의 이야기였다.

그 내용을 잘 이해하면 현대의 지푸라기 부자가 될 수 있을 것이다.

우선 지금까지 우리는 돈을 무엇과 교환했는지 생각해 보자. 그것이 지금의 우리의 생활을 만들어 준 큰 요인이기 때문이다.

그리고 우리가 이상적으로 생각하는 인생을 이루기 위해서는 돈을 무엇과 교환해야 하는지 생각해 보자.

우리의 목표는 부자가 아니라 자원부자이다. 즉, 사람, 물건, 돈이라는 3가지 시점으로 자원을 모아야 한다. 돈에만 집중해서는 안 된다. 오히려 돈보다는 사람과 물건에 집중을 하고, 돈을 가치 있는 사람과 가치 있는 물건으로 교환하는 것이 중요하다.

우선 지금 가진 돈을 사람 자원인 나에게 써 보자. 즉, 나의 능력을 높이는 데에 돈을 쓰라는 의미이다. 나의 기술과 사고^째를 향상시키고 세상에 가치를 제공해 보자. 그러면 수입이 늘어날 것이다.

그렇게 해서 늘어난 돈은 더욱더 나의 기술과 사고를 높이는 일로 교환하고, 세상에 더 큰 가치를 제공하려고 노력해 보자.

그러다 보면 어느 정도까지 수준은 올라가지만, 더 이상은 힘들다고 느낄 때가 온다. 그럴 때에는 사람에게 투자를 해서 나의 시간을 늘려야만 한다. 그리고 사람뿐만이 아니라 부동산이나 주식에 투자하는 것도 좋은 방법이다.

사람 투자나 부동산 투자, 주식 투자의 공통점은 딱히 내 시간을 할애하지 않아도 그것들이 나를 대신해서 가치를 제공한다는 점이다.

물론, 사람에게 투자를 하고 협력을 해야 할 때에는 나의 상황만 요구되지는 않는다. 이럴 때에는 상대방의 요구를 파악한 후에 함께 팀을 꾸리는 것이 중요하다. 그러면 세상에 커다란 가치를 낳을 수 있고, 그 가치로 인해 기뻐하는 사람이 늘어나면 더욱더 커다란 수익을 얻을 수가 있다.

그렇게 해서 얻은 수익으로 나의 경험과 능력을 쌓는 데에 더욱더 투자하고, 다른 사람에게도 더욱더 투자해 보자. 그리고 부동산과 주식, 채권 등에도 투자해 보자.

이렇게 돈을 가치 높은 사람과 가치 높은 물건으로 점점 교환해 가야 한다. 그러면 우리는 반드시 많은 부를 얻을 수 있다. 왜냐하면 사람을 행복하게 만들고 물건을 소중하게 대하면 세상에 가치를 제공할 수 있기 때문이다.

이것이 현대의 지푸라기 부자가 되는 방법이고, 돈을 활용해서 풍족하게 되는 본질이다.

절약을 하고 저금을 하면 행복해진다는 주장을 할 수 있다. 그리고 나도 저금 자체를 부정하지는 않는다. 하지만 목적 없이 모아두기만 하는 돈으로는 우리가 정말 도달하고 싶은 풍요로운 삶에 도달하지 못한다.

그러나 돈의 교환 방법을 알면, 나는 물론이고 나와 관련된 모든 사람들이 점점 풍족해질 것이다. 꼭 이 책을 완전히 이해한 후에 그 내용을 실천하길 바란다. 그러면 우리의 주변이 풍족함으로 넘쳐날 것이다.

돈의 편견

　우리는 늘 돈과 마주하며 살고 있다. 그리고 대부분의 사람들
이 돈 때문에 고민을 하고 있다. 꼭 돈이 없어서 고민을 하는 것
이 아니라 돈을 어떻게 모아야 할지, 돈을 어디에 투자해야 할지,
적금을 들어야 할지, 펀드를 들어야 할지 등등 많은 고민을 하고
있다.

이 고민과 더불어 많은 사람들은 부자가 되고 싶어 한다. 그리고 부자가 되기 위해서 돈을 많이 모으자고 생각한다.

이 책은 부자가 되는 일방적인 상식과 전혀 반대로 이야기한다. 부자가 되기 위해서는 돈을 많이 쓰라고 강조한다.

이 범상치 않은 말에 잠시 당황한 독자들도 있을 것이다. 그러나 저자가 말한 대로 돈은 그저 도구일 뿐이고, 교환의 수단일 뿐이라고 생각하면 돈을 모으는 것만이 능사는 아니다.

그렇다. 돈은 일찍이 교환의 수단이었다. 이 사실을 모르는 사람은 아마 없다.

그러나 우리는 언제부터인가 돈을 모으는 일에 집중하게 되었고, 더 많은 돈을 모으기 위해 점점 돈에 집착하게 되었다.

이렇게 된 이유는 무엇일까?

아마도 사회의 분위기 때문은 아닐까.

현대는 점점 극심한 고령화 사회가 되어가고 있다. 그리고 많은 언론 매체에서는 편안한 노후를 위해 돈을 모아야 한다고 말한다.

우리 주위를 둘러보면 돈이 없어서 결혼을 하지 못하고, 돈이 없어서 공부를 못하는 사람들도 많이 있다. 이렇듯 쓸 돈이 없고, 돈을 모을 수 없는 것이 현실이다.

현실이 이러한데 이 책은 돈을 많이 써야 부자가 된다고 말한다. 어쩌면 이 말에 반감이 생길지도 모른다.

그러나 잘 생각해 보자. 이 책에서 말했듯이 지출에는 3가지 상자가 있다. 그리고 지금 돈이 없다고 불평하는 사람들은 돈을 '낭비 상자'에 넣고 있는 경우가 많을 것이다.

가장 중요한 건 돈을 '투자 상자'에 넣는 것이다. 그것도 '나' 라는 투자 상자에 넣는 것이 중요하다.

무언가를 배운다는 건 귀중한 경험을 쌓는 것과 같다. 그리고 그러한 경험을 쌓다 보면 언젠가는 나에게 꼭 필요한 자산이 되어주기도 할 것이다.

돈을 모아야 한다는 편견을 버리고, 우선은 돈을 나에게 쓰자고 생각해 보자. 그러다 보면 점점 돈이 늘어나서 다른 곳에 투자를 할 수 있게 될지도 모른다.

돈도 잘 쓰는 사람이 있고, 못 쓰는 사람이 있다.

이 책을 읽고 돈 잘 쓰는 사람의 진짜 의미를 깨닫길 바란다.

또한, 이 책이 자기투자로서 훌륭한 가치를 발휘하면 좋겠다.